서울대 한국어+ Workbook

서울대학교 언어교육원 지음
장소원 | 이정덕 | 연준흠 | 장은정

4A

서울대학교출판문화원

머리말
Preface

《서울대 한국어✛ Workbook 4A》는 《서울대 한국어✛ Student's Book 4A》의 부교재로, 주교재로 이루어지는 학습을 보완하기 위해 개발되었습니다. 어휘, 문법과 표현을 다양한 상황 속에서 연습해 보고 복습 단원을 통해 종합적으로 정리해 볼 수 있도록 하였습니다.

어휘는 실생활에서 활용할 수 있도록 담화 상황을 고려하여 문제를 구성하였고, 문법과 표현을 묻는 문제는 정확성과 유창성 향상에 초점을 맞췄습니다. 다양한 맥락에서 어휘, 문법과 표현의 정확한 의미를 익히고 학습자 스스로 유의미한 담화를 구성할 수 있도록 집필하였습니다.

또한 세 단원마다 복습 단원을 배치함으로써 학습 내용을 점검하고 정리할 수 있도록 하였습니다. 복습 단원은 말하기, 듣기, 읽기, 쓰기, 발음으로 구성하였습니다. 말하기 활동은 이미 학습한 어휘, 문법과 표현을 확인하고 이를 활용해 유창성을 기를 수 있도록 하였습니다. 듣기와 읽기는 주교재의 주제와 기능을 확장한 문제를 통해 학습자 스스로 이해 능력을 점검할 수 있도록 하였습니다. 쓰기는 정확성을 기를 수 있는 간단한 문장, 담화 완성 활동과 주어진 주제로 짧은 글을 완성할 수 있는 활동으로 구성하였습니다. 마지막으로 발음은 주교재에서 학습한 내용을 정리하고 연습할 수 있도록 하였습니다.

이 책이 나오기까지 정말 많은 분들의 수고가 있었습니다. 서울대학교 국어국문학과 장소원 교수님은 《서울대 한국어✛》 1~6급 교재의 기획, 교재 개발을 위한 사전 연구와 집필, 출판에 이르는 전체적인 과정을 총괄해 주셨고, 4급 교재의 집필을 총괄한 이정덕 선생님을 비롯해서 연준흠, 장은정 선생님은 오랜 기간 원고 집필뿐 아니라 편집, 출판 작업을 꼼꼼하게 진행해 주셨습니다. 또한 4급 워크북의 감수를 맡아 주신 안경화 교수님, 워크북 내용을 검토해 주신 신필여, 우재영 선생님의 도움이 없었다면 지금과 같은 책의 완성도를 기대하기 어려웠음을 잘 알고 있습니다. 깊이 감사드립니다. 영어 번역을 맡아 주신 이소명 번역가 그리고 멋진 삽화 작업으로 빛나는 책을 만들어 주신 ㈜예성크리에이티브 분들께도 감사드립니다. 또 녹음을 담당해 주신 성우 이상운, 조경아 선생님과 2022년 여름학기에 새 교재의 시범 단원으로 수업을 하신 후 소중한 의견을 주신 4급 정규반의 민정원, 김미연, 김현경, 박영지, 신필여, 이정화, 진문이, 최유리 선생님께도 진심으로 감사의 말씀을 드립니다. 마지막으로 학술 도서와 전혀 성격이 다른 한국어 교재의 출판을 결정하고 물심양면으로 지원해 주신 서울대학교출판문화원 이경묵 원장님과, 밤낮을 가리지 않고 고생을 감수하신 실무진 여러분들께도 깊이 감사드립니다.

2023년 6월
서울대학교 언어교육원 원장
장윤희

SNU Korean⁺ Workbook 4A is a supplementary material to complement *SNU Korean⁺ Student's Book 4A*. Learners can practice Vocabulary, Grammar & Expression in a variety of situations and comprehensively learn through the review units.

Vocabulary questions are designed to be used in real-life settings, while Grammar & Expression questions are focused on improving accuracy and fluency. The workbook is intended so that the learner may independently acquire the meaning of Vocabulary, Grammar & Expression in a variety of situations and compose meaningful dialogue.

Furthermore, review units are set up for each of the three units, allowing the learning information to be checked and organized. The review unit includes Speaking, Listening, Reading, Writing, and Pronunciation. Speaking is intended to check previously learned Vocabulary, Grammar & Expression as well as to increase fluency. For Listening and Reading, the learner can check their comprehension skills through questions that expand the topics and functions of the Student's Book. Writing consists of increasing accuracy by completing simple sentences and discourses to develop accuracy on a given topic. Lastly, Pronunciation is designed to organize and practice the contents learned in the Student's Book.

A lot of dedication went into the publication of this book. I would like to express my sincere gratitude to everyone who contributed to this project. Thank you to Seoul National University Professor Chang Sowon at the Department of Korean Language and Literature, for overseeing the entire project, beginning with the preliminary research for the development of *SNU Korean⁺* Levels 1-6, Seoul National University LEI Instructor Lee Jeongdeok, for supervising the authoring of Level 4, and Seoul National University LEI Instructors Yeon Joonheum and Chang Eunjung, for writing, reviewing, and editing the manuscript to produce the overall completion of *SNU Korean⁺* Level 4. My deepest thanks to former Seoul National University LEI Professor Ahn Kyunghwa, and Seoul National University LEI Instructor Shin Pilyeo, Woo JaeYoung because the Level 4 Workbooks could not have been developed without their help. Thanks to translator Lee Susan Somyung and the YESUNG Creative artists for the stunning illustrations. Many thanks to the voice actors Lee Sangun and Cho Kyung-ah, along with Seoul National University LEI Level 4 Instructors Min Jungwon, Kim Meeyun, Kim Hyunkyung, Park Youngjee, Shin Pilyeo, Lee Junghwa, Jin Moone, and Choi Yoori, who provided insightful feedback after using the sample unit as a pilot in the summer semester of 2022. Lastly, a special thanks to Seoul National University Press Director Lee Kyungmook for providing financial and spiritual support and deciding to publish these Korean textbooks, as well as everyone for working tirelessly on this project.

June 2023
Jang Yoonhee
Executive Director
Language Education Institute, Seoul National University

복습 Review

세 단원마다 제시되는 복습에서는 각 단원에서 학습한 내용과 연계하여 말하기, 듣기, 읽기, 쓰기, 발음을 영역별로 복습할 수 있도록 구성하였다.

Review consists of exercises every three units in relation to the materials learned in each section — Speaking, Listening, Reading, Writing, and Pronunciation — to help with practice.

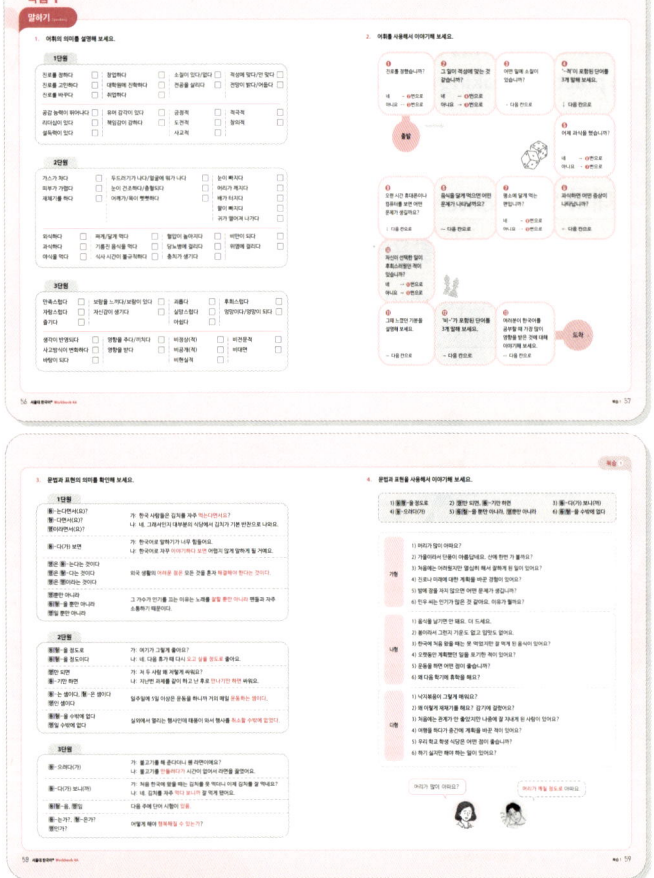

말하기 Speaking

목표 어휘 및 목표 문법과 표현 목록을 제시하여 앞선 세 단원에서 학습한 내용을 확인할 수 있도록 하였다. 어휘, 문법과 표현을 활용한 말하기 활동을 통해 학습자 간에 소통하고 유창성을 기를 수 있도록 구성하였다.

Speaking is composed of a list of target vocabulary, grammar & expression from the previous three units. Speaking activities that use vocabulary, grammar & expression help learners improve their communication and fluency.

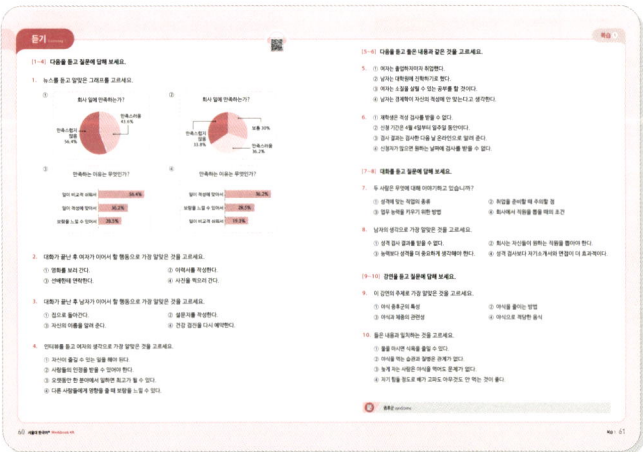

듣기 Listening

학습한 주제, 어휘, 문법과 표현에 관련된 다양한 내용의 듣기 자료를 문제와 함께 제공하여 학습자의 이해 능력과 듣기 유창성을 향상시키고자 하였다.

The learner's comprehension and listening fluency will be improved by providing various listening materials related to the topic, vocabulary, grammar & expression.

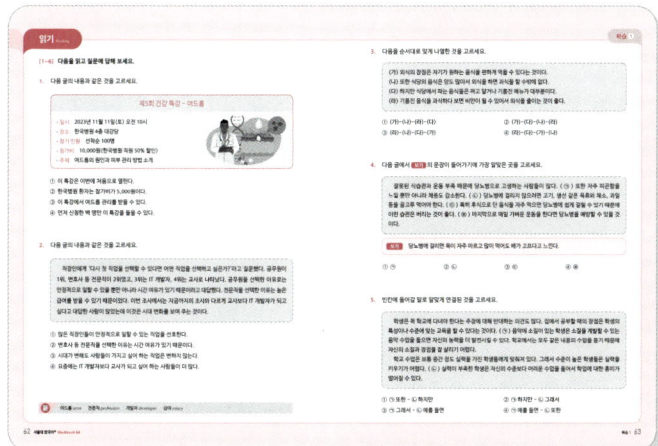

읽기 Reading

학습한 주제, 어휘, 문법과 표현에 관련된 다양한 내용의 읽기 자료를 문제와 함께 제공하여 학습자의 이해 능력과 읽기 유창성을 향상시키고자 하였다.

Reading consists of various reading materials related to topic, vocabulary, grammar & expression along with questions to improve comprehension and reading fluency.

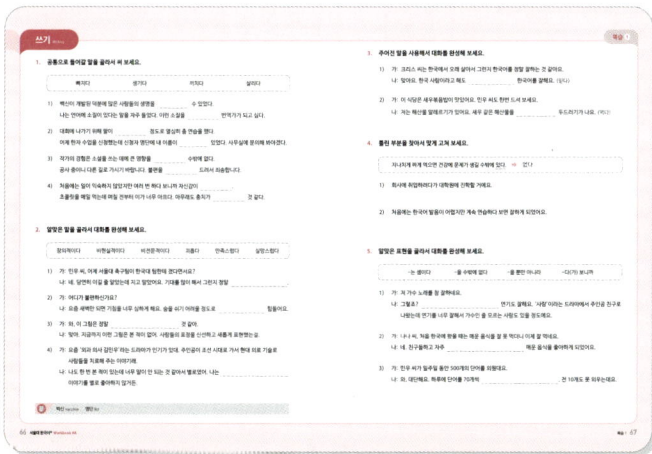
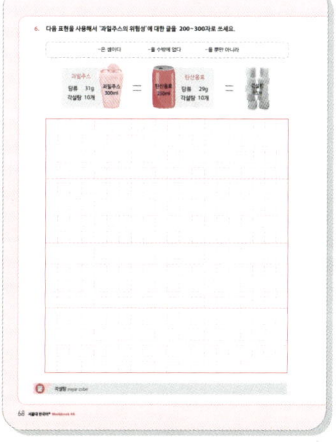

쓰기 Writing

정확성과 유창성을 기를 수 있도록 대화, 문장 단위 완성형 쓰기와 짧은 글쓰기 연습으로 구성하였다.

Writing consists of sentence and conversation completion as well as short writing practices to improve accuracy and fluency.

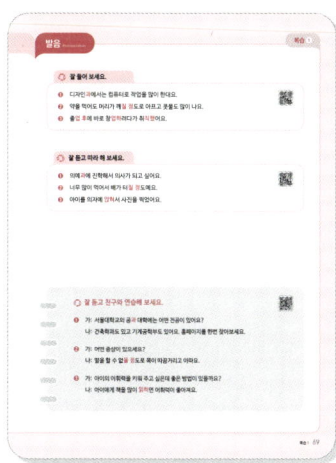

발음 Pronunciation

주교재에서 학습한 발음을 정리하고 연습을 통해 정확성을 향상시키도록 구성하였다.

Pronunciation consists of reviews and exercises of the materials learned in the Student's Book to improve accuracy.

 **부록** Appendix

'듣기 지문'과 '모범 답안'으로 구성된다.
The appendix consists of the Listening Script and Answer Key.

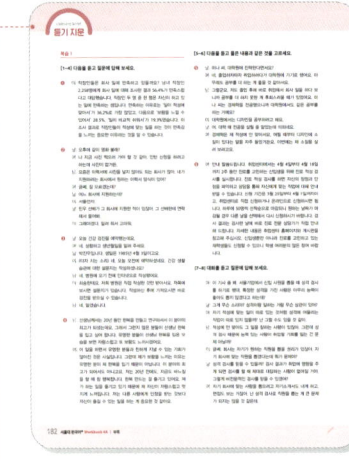

모범 답안 Answer Key

각 과의 '어휘, 문법과 표현' 문제, 복습의 '듣기, 읽기, 쓰기' 문제에 대한 모범 답안을 제공한다.

The answers are provided for each lesson's questions on Vocabulary, Grammar & Expression as well as the review for Listening, Reading, and Writing.

듣기 지문 Listening Script

복습 듣기의 지문을 제공한다.

The scripts for the listening review are provided.

차례
Table of Contents

머리말 Preface	• 2
일러두기 How to Use This Book	• 4
교재 구성표 Scope and Sequence	• 10

1단원 진로와 적성 Career & Aptitude
- 1-1. 진로 Career • 14
- 1-2. 능력과 자질 Abilities & Qualities • 22

2단원 건강한 삶 Healthy Life
- 2-1. 질병과 증상 Disease & Symptoms • 30
- 2-2. 건강한 습관 Healthy Habits • 36

3단원 선택과 변화 Choices & Changes
- 3-1. 만족과 후회 Satisfaction & Regret • 44
- 3-2. 사회 변화 Social Change • 50

복습 1 Review 1 • 56

4단원 기후와 문화 Climate & Culture
- 4-1. 날씨와 기후 Weather & Climate • 72
- 4-2. 기후와 문화의 특징 Climate & Characteristics of Culture • 78

5단원 여행의 즐거움 Delight of Travel
- 5-1. 아름다운 풍경 Beautiful Scenery • 86
- 5-2. 여행의 기쁨 Joy of Travel • 92

6단원 공연과 축제 Performances & Festivals
- 6-1. 함께 즐기는 축제 Enjoying the Festival Together • 100
- 6-2. 감상과 평가 Reviews & Evaluations • 106

복습 2 Review 2 • 112

7단원 숫자로 보는 세상 World in Numbers
- 7-1. 조사 결과 Survey Results • 128
- 7-2. 통계와 그래프 Statistics & Graphs • 134

8단원 대중문화 Pop Culture
- 8-1. 스타와 대중문화 Stars & Pop Culture • 142
- 8-2. 대중문화의 영향 Pop Culture Influence • 148

9단원 스포츠의 세계 World of Sports
- 9-1. 흥미진진한 경기 Exciting Matches • 156
- 9-2. 경기와 규칙 Matches & Rules • 162

복습 3 Review 3 • 168

부록 Appendix
- 듣기 지문 Listening Script • 182
- 모범 답안 Answer Key • 186

교재 구성표
Scope and Sequence

단원 제목 Unit Title		어휘 Vocabulary	문법과 표현 Grammar & Expression
1. 진로와 적성 Career & Aptitude	1-1. 진로 Career	진로, 진로를 정할 때 고려할 조건 Career, Conditions to consider when choosing a career path	• 동-는다면서(요)?, 형-다면서(요)? 명이라면서(요)? • 동-다(가) 보면
	1-2. 능력과 자질 Abilities & Qualities	능력과 자질, '-적' Abilities & qualities, '-적'	• 명은 동-는다는 것이다, 명은 형-다는 것이다 명은 명이라는 것이다 • 명뿐만 아니라, 동형-을 뿐만 아니라 명일 뿐만 아니라
2. 건강한 삶 Healthy Life	2-1. 질병과 증상 Disease & Symptoms	증상, 증상과 관련된 관용 표현 Symptoms, Idiomatic expressions related symptoms	• 동형-을 정도로, 동형-을 정도이다 • 명만 되면, 동-기만 하면
	2-2. 건강한 습관 Healthy Habits	식습관, 질병 Eating habits, Disease	• 동-는 셈이다, 형-은 셈이다, 명인 셈이다 • 동형-을 수밖에 없다, 명일 수밖에 없다
3. 선택과 변화 Choices & Changes	3-1. 만족과 후회 Satisfaction & Regret	만족, 후회 Satisfaction, Regret	• 동-으려다(가) • 동-다(가) 보니(까)
	3-2. 사회 변화 Social Change	가치관, '비-' Values, '비-'	• 동형-음, 명임 • 동-는가?, 형-은가?, 명인가?
복습 1 Review 1			
4. 기후와 문화 Climate & Culture	4-1. 날씨와 기후 Weather & Climate	날씨, '폭-' Weather, '폭-'	• 동-는다더라고(요), 형-다더라고(요) 명이라더라고(요) • 동-는 바람에
	4-2. 기후와 문화의 특징 Climate & Characteristics of Culture	기후, 문화의 특징 Climate, Characteristics of culture	• 명을 비롯해(서), 명을 비롯한 • 동-는 반면(에), 형-은 반면(에) 명인 반면(에)
5. 여행의 즐거움 Delight of Travel	5-1. 아름다운 풍경 Beautiful Scenery	자연 현상, 풍경 묘사 Natural phenomenon, Landscape description	• 명이면 명 명이면 명 • 어찌나 동-는지, 어찌나 형-은지 어찌나 명인지
	5-2. 여행의 기쁨 Joy of Travel	기분 ①, '-없이' Mood ①, '-없이'	• 동-는 듯하다, 형-은 듯하다, 명인 듯하다 • 동형-으며, 명이며

	단원 제목 Unit Title	어휘 Vocabulary	문법과 표현 Grammar & Expression
6. **공연과 축제** Performances & Festivals	6-1. 함께 즐기는 축제 Enjoying the Festival Together	축제, '-거리' Festival, '-거리'	• 동형-던데(요), 명이던데(요) • 동-는다고 보다, 형-다고 보다 명이라고 보다

	6-2. 감상과 평가
	Reviews & Evaluations
		감상, 평가
		Reviews, Evaluations
			• 여간 동-는 것이 아니다
			  여간 형-은 것이 아니다
			  여간 명인 것이 아니다
			  여간 동형-지 않다
			• 명이야말로

복습 2 Review 2			
7. **숫자로 보는 세상** World in Numbers	7-1. 조사 결과 Survey Results	조사 결과, 범위와 숫자 Survey results, Ranges & numbers	• 명에 따라(서), 동-느냐에 따라(서) 형-으냐에 따라(서), 명이냐에 따라(서) • 명에 의하면
	7-2. 통계와 그래프 Statistics & Graphs	수량과 가격 변화, '-률' Changes in quantity & price, '-률'	• 명에 불과하다 • 명을 통해(서)
8. **대중문화** Pop Culture	8-1. 스타와 대중문화 Stars & Pop Culture	기분 ②, 유명인의 근황 Mood ②, Celebrity news	• 동형-을 리(가) 없다, 명일 리(가) 없다 • 명만 못하다
	8-2. 대중문화의 영향 Pop Culture Influence	스타의 영향, '무-' Star influence, '무-'	• 동-은 채(로) • 동-는다 싶다, 형-다 싶다, 명이다 싶다
9. **스포츠의 세계** World of Sports	9-1. 흥미진진한 경기 Exciting Matches	승부와 결과, 운동 경기의 내용 Matchups & results, Description of matches	• 동-으나 마나 • 동-기는 틀렸다
	9-2. 경기와 규칙 Matches & Rules	경기 방법, 경기 규칙 Match play, Match rules	• 명으로(서) • 동형-으나, 명이나
복습 3 Review 3			

1 진로와 적성 Career & Aptitude

1-1 진로

1-2 능력과 자질

1-1	어휘	진로, 진로를 정할 때 고려할 조건
	문법과 표현	동-는다면서(요)?, 형-다면서(요)?, 명이라면서(요)?
		동-다(가) 보면
1-2	어휘	능력과 자질, '-적'
	문법과 표현	명은 동-는다는 것이다, 명은 형-다는 것이다
		명은 명이라는 것이다
		명뿐만 아니라, 동형-을 뿐만 아니라
		명일 뿐만 아니라

어휘 Vocabulary

1. 알맞은 말을 골라서 밑줄 친 부분을 바꿔 보세요.

> (진로를 정하다)   취업하다   창업하다   대학원에 진학하다
> 소질이 있다   적성에 맞다   전공을 살리다   전망이 밝다

1) 나는 앞으로 어떤 일을 하면서 살지 결정했다.
   ➡ 진로를 정했다

2) 한국어 능력은 외국인이 한국 회사에서 일을 하려고 할 때 꼭 필요하다.
   ➡ 한국 회사에 _____

3) 대학교를 졸업한 후에 학교에 남아서 공부를 더 하고 싶다.
   ➡ _____

4) 다른 회사에서 일하는 것보다 내 회사를 만들고 싶다.
   ➡ _____

5) 나에게 잘 맞는 직업을 찾기 위해서는 다양한 경험을 해 보는 것이 중요하다.
   ➡ _____

6) 나는 어렸을 때부터 그림을 잘 그려서 무엇이든지 보는 그대로 그릴 수가 있었다.
   ➡ 그림에 _____

7) 과학 기술의 발전으로 사라지고 있는 직업이 많다. 10년 후에도 일자리가 많고 취업이 잘되는 직업이 무엇일지 궁금하다. ➡ _____

8) 나는 대학에서 공부한 것을 이용해서 일을 할 수 있는 곳에 취직하고 싶다.
   ➡ _____

과학 기술 science and technology

2. 알맞은 말을 골라서 대화를 완성해 보세요.

1) 가: 새로 시작한 카페는 어때요?
   나: 친구들이 저에게 회사를 그만두고 <u>창업하는</u> 것은 어리석은 일이라고 했는데 정말 그 말이 맞아요.
   (창업하다 / 취업하다)
   제가 모든 일을 책임져야 하니까 너무 힘들어요.

2) 가: 요즘 취업 준비를 하고 있어요.
   나: 취업할지 진학할지 고민을 많이 하더니 드디어 _____.
   (진로를 정하다 / 진로를 고민하다)
   잘 됐네요.

3) 가: 요즘 친구들하고 면접 스터디를 같이 한다고 들었어요.
   나: 네. 다들 원하는 기업에 _____ 열심히 준비하고 있어요.
   (창업하다 / 취업하다)

4) 가: 이번에 졸업하지요? 취업할 거예요?
   나: 아니요. _____. 공부를 더 해 보고 싶어요.
   (대학원에 진학하다 / 창업하다)

5) 가: 정말 노래를 잘하네요.
   나: 저는 _____. 어렸을 때 노래 대회에 나가서 상을 탄 적도
   (노래에 소질이 있다 / 노래가 적성에 안 맞다)
   많아요.

6) 가: 저는 한국어를 전공했는데 _____ 일이 있을까요?
   (전공을 살리다 / 소질이 있다)
   나: 번역 일을 해 보는 게 어때요?

7) 가: 미래에는 어떤 전공이 _____?
   (진로를 바꾸다 / 전망이 밝다)
   나: 로봇과 관련된 전공을 하면 취업이 잘될 거래요.

8) 가: 난 아이들을 좋아해서 유치원 선생님이 되고 싶어.
   나: _____ 일을 찾았구나.
   (적성에 맞다 / 진로를 정하다)

 어리석다 to be foolish   책임지다 to take responsibility   번역 translation   유치원 kindergarten

3. 다음은 초등학교 선생님과의 인터뷰입니다. 어울리는 질문과 대답을 연결해 보세요.

1) 안녕하세요? 만나서 반갑습니다. 선생님은 언제 진로를 정하셨습니까?

    • 자신이 알고 있는 것을 다른 사람에게 잘 전달할 수 있어야 합니다. 또 학생들에 대한 이해와 사랑이 있어야 합니다.

2) 그렇군요. 선생님은 이 일이 적성에 맞으십니까?

    • 학생들의 수가 줄고 있고 학생 스스로 공부하는 방법이 나오고 있어서 전망이 밝다고 말할 수는 없을 것 같습니다. 하지만 없어서는 안 되는 중요한 직업이라고 생각합니다.

3) 그럼 이 일을 하려면 어떤 소질이 있어야 합니까?

    • 저는 중학생 때 선생님이 되기로 마음먹었습니다. 바쁜 부모님 대신 동생들의 공부를 도와줬는데 제가 가르쳐 주는 것을 동생들이 잘 이해할 때 기분이 좋았습니다.

4) 교사라는 직업의 전망은 어떻다고 생각하십니까?

    • 네. 저는 아이들과 함께 보내는 시간이 항상 즐겁습니다. 가끔 힘들 때도 있지만 이 일이 너무 좋습니다.

5) 앞으로의 계획은 무엇입니까?

    • 이미 학교에서 아이들을 가르치고 있지만 여전히 저에게는 부족한 점이 많은 것 같습니다. 대학원에 진학해서 교육과 관련된 공부를 좀 더 해 보고 싶습니다.

여전히 still

문법과 표현 ❶   동-는다면서(요)?, 형-다면서(요)?, 명이라면서(요)?

1. 대화를 완성해 보세요.

1) 가: 테오 씨, <u>　내일 발표를 한다면서요　</u>? 준비는 잘돼 가요?
   나: 열심히 하고 있는데 쉽지 않네요.

   [테오 씨가 내일 발표를 한대요.]

2) 가: 나나 씨, _____?
   다음 주에 제주도에 갈 건데 어디에 가면 좋을까요?
   나: 성산일출봉에 한번 가 보세요. 아주 아름다워요.
   가: 그래요? 숙소에서 가까운지 알아봐야겠어요.

   [나나 씨의 고향이 제주도예요.]

3) 가: 민우야, _____? 어떤 사람을 좋아해?
   나: 응. 나는 내 이야기를 잘 들어 주는 사람이 좋더라.
   가: 우리 회사 동료 중에 그런 사람이 있는데 한번 만나 볼래?

   [민우 씨가 여자 친구를 사귀고 싶대요.]

4) 가: 소날 씨, _____?
   지금 편의점에 갈 건데 뭐 좀 사다 줄까요?
   나: 네. 너무 배가 고파요. 편의점에서 빵 좀 사다 주세요.
   가: 알겠어요.

   [소날 씨가 아직 점심을 못 먹었대요.]

5) 가: 제니, _____? 축하해.
   나: 고마워. 운이 좋았던 것 같아.
   가: 운이라니. 넌 항상 열심히 공부했잖아.

   [제니 씨가 대학원 입학 시험에 합격했어요.]

6) 가: 하이 씨, _____?
   나: 네. 뭘 입고 갈지 걱정이에요.
   가: 나한테 정장이 한 벌 있는데 빌려줄까요?

   [하이 씨가 내일 면접을 볼 거래요.]

성산일출봉 Seongsan Ilchulbong (Sunrise Peak)

2. 그림을 보고 대화를 완성해 보세요.

1) 가: 유진 씨, <u>결혼한다면서요</u>? 축하해요!
   나: 네. 고마워요.

2) 가: 광고를 봤는데 _____?
   나: 네, 맞습니다. 등록하시겠어요?

3) 가: 선생님, 이번 _____?
   나: 네, 맞아요. 대회에 한번 나가 보세요.

4) 가: 닛쿤 씨, _____? 축하해요.
   나: 고마워요. 장학금을 받았으니까 제가 한턱낼게요.

5) 가: 민우 씨, _____?
   나: 글쎄요. 제 친구들은 서울전자보다는 미래전자를 더 선호하는 것 같아요.

등록비 registration fee   한턱내다 to treat   선호하다 to prefer

3. 여러분은 친구의 고향에 대해서 얼마나 알고 있습니까? 여러분이 알고 있는 것을 확인해 보세요.

날씨   기념품   유명한 장소

맛있는 음식   ?

엥흐 씨 고향은 겨울에 날씨가 많이 춥다면서요?

여름에는 비가 많이 온다면서요? 여행할 때 불편하지 않을까요?

네. 그래서 우리 나라로 여행을 가려면 여름에 가는 게 좋아요.

우리 나라는 여름에 비가 별로 안 와요. 그래서 여행하기 좋을 거예요.

문법과 표현 ❷   동-다(가) 보면

1. 대화를 완성해 보세요.

1) 가: 김치가 맛있는데 저한테는 좀 매운 것 같아요.
   나: 처음에는 좀 맵지만 <u>먹다(가) 보면</u> 괜찮아질 거예요. 나도 그랬어요.

2) 가: 한국어 발음이 안 좋아서 걱정이에요.
   나: 계속 _____ 좋아질 거예요. 매일 연습해 보세요.

3) 가: 어제 만난 사람이 별로 마음에 들지 않아요.
   나: 몇 번 더 _____ 좋아질 수도 있어요. 몇 번 더 만나 보세요.

4) 가: 이 일은 처음이라서 자꾸 실수를 하게 돼요.
   나: 괜찮아요. 처음에는 다 그래요. 열심히 _____ 잘하게 될 거예요.

5) 가: 자막 없이 한국 영화를 보는 건 아직 어려워요.
   나: 같은 영화를 여러 번 _____ 언젠가는 자막이 없어도 다 이해하게 될 거예요.

2. 대화를 완성해 보세요.

1) 가: 어젯밤에 밤새 게임을 하다가 잠을 못 잤어.
   나: 밤새도록 <u>게임을 하다 보면</u> 낮에 집중력이 떨어질 수도 있어.

2) 가: 요즘 바빠서 계속 인스턴트 음식을 먹어요.
   나: _____ 건강이 나빠질 수도 있어요.

 자막 subtitle   밤새도록 all night long   집중력 concentration   인스턴트 instant

3) 가: 저 사람 좀 보세요. 휴대폰 보면서 걷다가 차에 부딪힐 뻔했어요.
   나: 저렇게 _____ 사고가 날 수도 있어요.

4) 가: 너무 피곤해서 양치질하는 걸 잊어버려요.
   나: 자꾸 _____ 충치가 생길 수도 있어요.

5) 가: 저는 집에서 불을 꺼 놓고 영화 보는 것을 좋아해요.
   나: 계속 _____ 눈이 나빠질 수도 있어요.

3. 상황에 맞게 조언해 보세요.

- 제 동생은 밖에 나가지도 않고 매일 책을 읽어요.
- 한국 음식이 입에 안 맞아요.
- 우리 언니는 밤새도록 드라마를 봐요.
- 회사에서 이번에도 승진하지 못해서 속상해요.
- 외국으로 유학을 가고 싶은데 부모님이 반대하세요.

제 동생은 집에서 책을 읽는 것을 제일 좋아해요. 밖에 나가지도 않고 매일 책을 읽어요.

집에서 책만 읽다 보면 친구들과 함께 보내는 시간이 부족해질 거예요.

양치질하다 to brush teeth   충치 cavity

어휘 Vocabulary

1. 알맞은 말을 골라서 대화를 완성해 보세요.

> 책임감이 강하다　　　리더십이 있다　　　설득력이 있다
> (공감 능력이 뛰어나다)　　　유머 감각이 있다

1) 가: 테오 씨는 다른 사람의 상황이나 기분을 잘 이해해 줘요.
   나: 네. 테오 씨는 정말 <u>공감 능력이 뛰어난 것 같아요</u>.

2) 가: 우리 반 대표는 누가 하면 좋을까요?
   나: 다른 사람을 잘 이끄는 사람이 하면 좋겠어요. 다니엘 씨 어때요? 다니엘 씨는 _____.

3) 가: 나나 씨는 말을 참 재미있게 해요.
   나: 맞아요. 나나 씨는 _____ 사람들을 즐겁게 해 줘요.

4) 가: 누가 이 일을 하면 좋을까요?
   나: 중간에 그만두면 안 되는 일이니까 _____ 자밀라 씨가 맡으면 좋을 것 같아요.

5) 가: 제니 씨 말을 듣고 생각이 바뀌었어요.
   나: 네, 저도 그래요. 제니 씨의 이야기가 _____ 생각을 바꿨어요.

2. 어울리는 표현을 찾아서 연결해 보세요.

1) 긍정적이다　•　　　•　하이는 사람들과 잘 어울려요. 그리고 친구도 쉽게 사귀어요.

2) 적극적이다　•　　　•　크리스는 항상 일이 잘될 거라고 이야기해 주는 친구예요. 그래서 크리스와 함께 있으면 힘이 나요.

3) 도전적이다　•　　　•　아야나는 항상 새로운 것을 생각해 내요. 똑같은 문제도 남들이 생각하지 못한 방법으로 해결해요.

4) 창의적이다　•　　　•　테오는 누가 시키기 전에 항상 먼저 행동해요. 그래서 학교 다닐 때도 반장을 여러 번 했어요.

5) 사교적이다　•　　　•　소날은 처음 하는 일도 긴장하거나 무서워하지 않고 해요. 힘들어 보이는 일도 해 보려고 노력하고요.

이끌다 to lead

3. 여러분의 장점과 특성은 무엇입니까? 각 질문에 대해 1~5 중 하나에 표시하고 4 이상인 것에 대해 친구에게 소개해 주세요.

	아니다 ← → 그렇다				
리더십이 있습니까?	1	2	3	4	5
설득력이 있게 말합니까?	1	2	3	4	5
책임감이 강합니까?	1	2	3	4	5
유머 감각이 있습니까?	1	2	3	4	5
공감 능력이 뛰어납니까?	1	2	3	4	5
사교적입니까?	1	2	3	4	5
적극적으로 행동합니까?	1	2	3	4	5
창의적으로 생각합니까?	1	2	3	4	5
긍정적입니까?	1	2	3	4	5
새로운 일을 도전적으로 시도합니까?	1	2	3	4	5

저는 리더십이 있고 책임감이 강합니다. 어떤 일을 하든지 적극적으로 하려고 노력합니다. 또한 사람들과 어울리는 것을 좋아해서 처음 만난 사람들과도 금방 친해집니다. 그래서 사교적이라는 말을 자주 듣습니다.

시도하다 to attempt

문법과 표현 3

명은 동-는다는 것이다, 명은 형-다는 것이다
명은 명이라는 것이다

1. 문장을 완성해 보세요.

1) 가: 한국 생활에서 뭐가 제일 힘들어?
   나: 음식이 입에 맞지 않아서 힘들어.
   ➡ 한국 생활에서 힘든 점은 음식이 입에 맞지 않는다는 것이다 .

2) 가: 지금 사는 집은 어떤 점이 좋습니까?
   나: 조용해서 좋아요.
   ➡ 지금 사는 집의 장점은 _____ .

3) 가: 한국어 공부할 때 어려운 점이 뭐야?
   나: 비슷한 단어가 너무 많아.
   ➡ 한국어 공부할 때 어려운 점은 _____ .

4) 가: 이 전공의 장점은 뭐라고 생각하십니까?
   나: 졸업 후에 취업이 잘됩니다.
   ➡ 이 전공의 장점은 _____ .

5) 가: 언어교육원에서 공부할 때 좋은 점은 무엇입니까?
   나: 여러 나라에서 온 친구들을 만날 수 있어서 좋은 것 같습니다.
   ➡ 언어교육원에서 공부할 때 좋은 점은 _____
   _____ .

6) 가: 혼자 여행할 때 힘든 점은 뭔가요?
   나: 저한테 생긴 문제를 스스로 해결해야 해서 힘들어요.
   ➡ 혼자 여행할 때 힘든 점은 _____
   _____ .

2. **아래에 메모하고 친구들을 인터뷰해 보세요.**

    우리 학교의 장점이 뭐라고 생각합니까?

    캠퍼스가 크고 아름답다는 것입니다.

	장점	단점
1) 우리 학교	캠퍼스가 크다 아름답다 …	
2) 외국에서 생활할 때		
3) 자주 사용하는 물건		
4) 직접 요리를 해서 먹을 때		

우리 학교의 장점은 캠퍼스가 크다는 것입니다. 단점은 ….

문법과 표현 4 — 명뿐만 아니라, 동형-을 뿐만 아니라, 명일 뿐만 아니라

1. 대화를 완성해 보세요.

1) 가: 나나 씨는 비빔밥을 좋아하나 봐요.
   나: 네. 비빔밥은 <u>맛이 좋을 뿐만 아니라 건강에도 좋은 것 같아요</u>.
   (맛이 좋다, 건강에도 좋다)

2) 가: 그 식당이 어때요?
   나: 그 식당은 _____.
   (직원들이 친절하다, 분위기도 좋다)

3) 가: 요즘 그 가수가 인기가 많다면서요?
   나: 네. 그 가수는 _____.
   (노래를 잘 부르다, 춤도 잘 추다)

4) 가: 영화 '하얀 꽃'이 요즘 인기가 많대요. 봤어요?
   나: 네. 지난주에 봤는데 _____.
   (재미있다, 음악도 좋다)

5) 가: 한국의 겨울 날씨는 어때요?
   나: 겨울이 되면 _____.
   (추워지다, 눈도 많이 오다)

2. 대화를 완성해 보세요.

1) 가: 전공을 정할 때 무엇이 중요하다고 생각하십니까?
   나: <u>적성</u> 뿐만 아니라 <u>자신이 가진 능력</u> 도 고려해야 합니다.

2) 가: 한국 음식 중에서 유명한 음식은 무엇입니까?
   나: _____ 뿐만 아니라 _____ 도 외국인에게 잘 알려진 음식입니다.

3) 가: 강원도로 여행을 떠나는 사람들에게 추천하고 싶은 장소가 있습니까?
   나: 속초에 한번 가 보십시오. _____ 뿐만 아니라 _____ 도 볼 수 있어서 참 좋습니다.

고려하다 to consider   알려지다 to be known

4) 가: 이번 올림픽에서는 어떤 종목에서 금메달을 딸 수 있을까요?

    나: _____ 뿐만 아니라 _____ 에서도 금메달을 딸 거라고 예상합니다.

5) 가: 요즘 젊은 분들이 즐겨 듣는 음악 장르는 어떤 것이 있습니까?

    나: _____ 뿐만 아니라 _____ 도 젊은 사람들이 선호하는 것 같습니다.

3. 친구와 이야기해 보세요.

1)

찜질방

2)

한강공원

3)

서울

4)
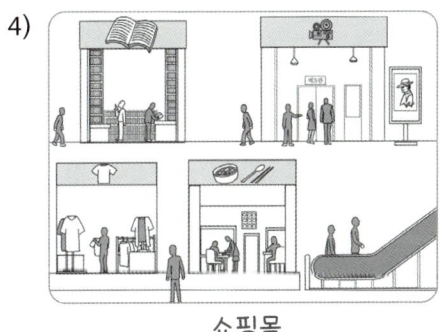
쇼핑몰

> 찜질방에 가면 찜질을 할 수 있습니다.

> 찜질방에 가면 찜질을 할 수 있을 뿐만 아니라 목욕도 할 수 있습니다.

> 찜질방에 가면 목욕도 할 수 있을 뿐만 아니라 시원한 식혜도 마실 수 있습니다.

올림픽 Olympics   종목 sports event   금메달을 따다 to win a gold medal

2

건강한 삶 Healthy Life

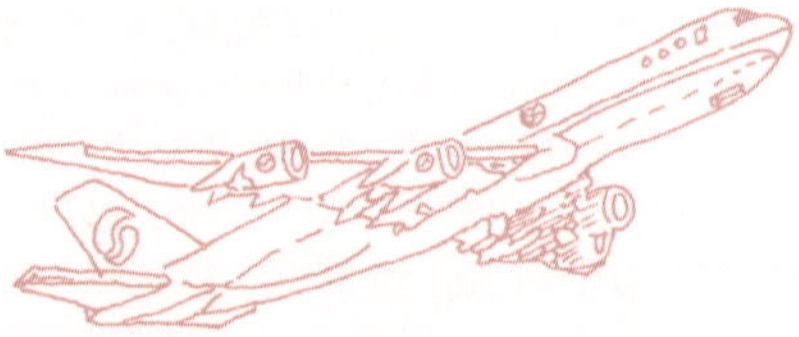

- **2-1** 질병과 증상
- **2-2** 건강한 습관

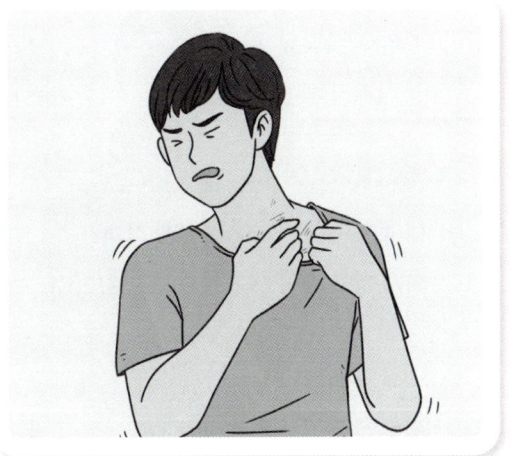

	어휘	증상, 증상과 관련된 관용 표현
2-1	문법과 표현	동형-을 정도로, 동형-을 정도이다
		명만 되면, 동-기만 하면
2-2	어휘	식습관, 질병
	문법과 표현	동-는 셈이다, 형-은 셈이다, 명인 셈이다
		동형-을 수밖에 없다, 명일 수밖에 없다

어휘 Vocabulary

1. 알맞은 말을 골라서 대화를 완성해 보세요.

> ~~눈이 충혈되다~~   피부가 가렵다   재채기를 하다
> 어깨가 뻣뻣하다   가스가 차다   얼굴에 뭐가 나다

1) 가: 너 울었어? 눈이 왜 이렇게 빨개?
   나: 어제 하루 종일 렌즈를 끼고 있었더니 <u>눈이 충혈돼서</u> 그래.

2) 가: 새로 산 화장품을 썼더니 _____. 만지면 아프고 빨갛게 된 곳이 있어.
   나: 그 화장품이 너랑 안 맞나 봐. 괜찮아질 때까지 그 화장품을 쓰지 말고 더 심해지면 피부과에 가 보는 게 좋겠어.

3) 가: 콜라 마실래요?
   나: 아니요. 전 탄산음료를 마시면 배에 _____ 잘 안 마셔요.

4) 가: _____ 때는 소매로 입을 가리고 하세요.
   나: 네. 앞으로는 그렇게 할게요.

5) 가: 요즘 계속 컴퓨터 작업을 했더니 _____.
   나: 그럴 때는 스트레칭을 좀 해 봐. 근육을 풀어 주는 데에 도움이 될 거야.

6) 가: 왜 그렇게 몸을 긁고 있어?
   나: 어제 뭘 잘못 먹었는지 두드러기가 나서 _____.

탄산음료 carbonated drink (soda)   소매 sleeve   가리다 to cover

2. 어울리는 표현을 찾아서 연결해 보세요.

1) 밥을 세 그릇이나 먹어서 • • 머리가 깨질 것 같아요.

2) 밤새 드라마를 봤더니 • • 팔이 빠질 것 같아요.

3) 이것저것 생각해야 할 것이 너무 많아서 • • 배가 터질 것 같아요.

4) 날씨가 너무 춥고 바람이 불어서 • • 눈이 빠질 것 같아요.

5) 짐이 너무 무거워서 • • 귀가 떨어져 나갈 것 같아요.

3. 어떤 문제가 생길 수 있습니까? 메모해 보세요.

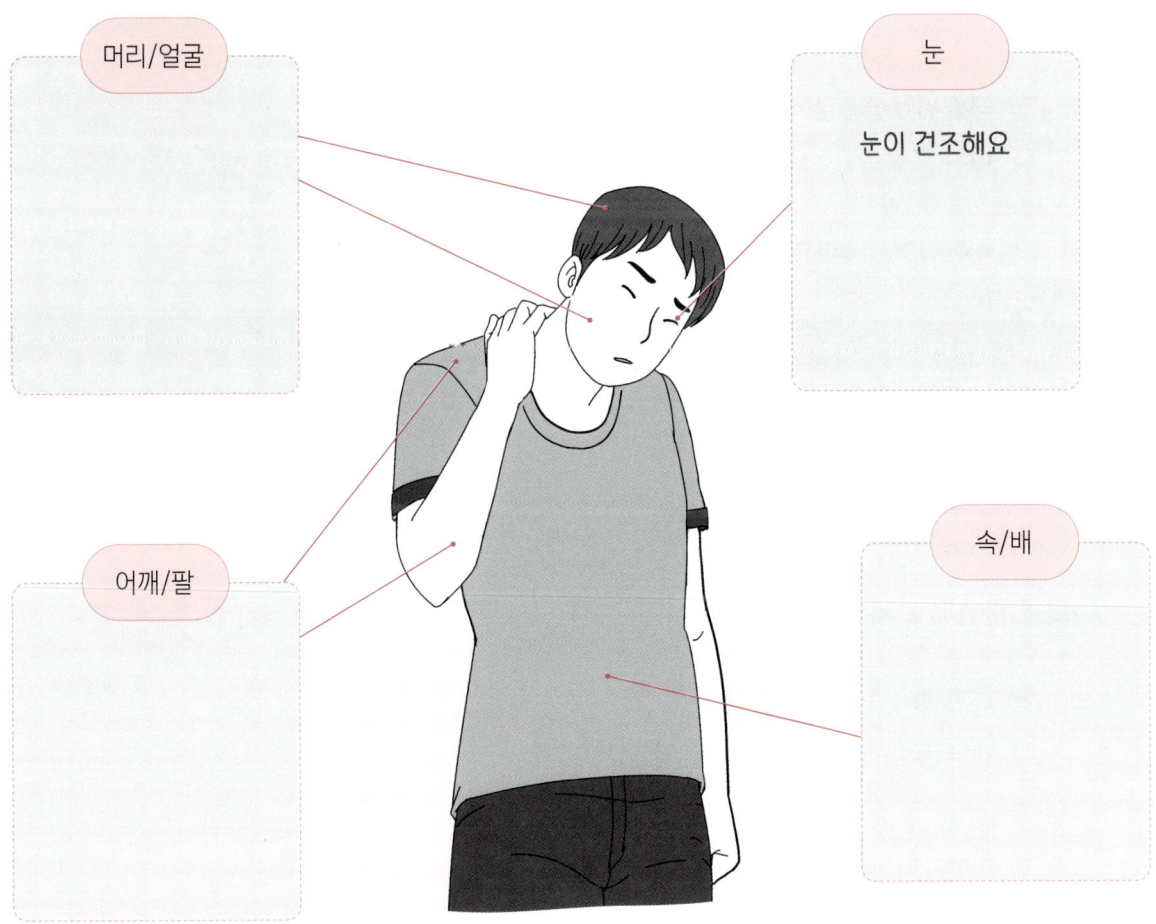

머리/얼굴

눈
눈이 건조해요

어깨/팔

속/배

문법과 표현 1   동형-을 정도로, 동형-을 정도이다

1. 바르게 연결하고 대화를 완성해 보세요.

   1) 한강이 얼다 • • 노래가 좋다
   2) 매일 듣다 • • 날씨가 춥다
   3) 못 알아보다 • • 많이 다치다
   4) 아무것도 못 먹다 • • 살이 빠지다
   5) 병원에 입원하다 • • 속이 안 좋다

   1) 가: 날씨가 많이 추워요?
      나: 네. <u>한강이 얼 정도로 날씨가 추워요</u>.

   2) 가: 그 노래가 그렇게 좋아요?
      나: 네. _____.

   3) 가: 테오 씨가 살이 많이 빠진 것 같아요.
      나: 네. _____.

   4) 가: 속이 많이 안 좋아요?
      나: 네. _____.

   5) 가: 나나 씨가 교통사고를 당했다면서요? 많이 다쳤대요?
      나: 네. _____.

2. 대화를 완성해 보세요.

   1) 가: 배가 많이 고파요?
      나: 네. 너무 배가 고파서 <u>쓰러질 정도예요</u>.

   2) 가: 이번에 나온 컴퓨터 게임이 그렇게 재미있다면서요?
      나: 네. 게임을 하느라 _____.

3) 가: 시험 문제가 그렇게 어려웠어요?
    나: 네. 너무 어려워서 _____ .

4) 가: 나나 씨는 목소리가 너무 작은 것 같아요.
    나: 맞아요. 목소리가 너무 작아서 _____ .

5) 가: 테오 씨가 한국어를 아주 잘한다고 들었어요.
    나: 네. 한국어를 정말 잘해서 _____ .

6) 가: 지난 주말에도 회사에서 일하느라고 바빴다면서?
    나: 응. 너무 바빠서 _____ .

3. 주어진 표현을 사용해서 대화를 완성해 보세요.

1) 가: 어제 잠을 못 잤더니 너무 힘들어요.
    나: 그럼 좀 쉬는 게 어때요?
    가: 그래야겠어요. <u>머리가 깨질 정도로</u> 아프네요. (머리가 깨지다)

2) 가: 휴대폰으로 게임을 오래 했더니 눈이 충혈됐어요.
    나: 그럼 눈 위에 따뜻한 찜질을 해 보세요.
    가: _____ 아픈데 찜질을 하면 좀 나아질까요? (눈이 빠지다)

3) 가: 이 식당 음식이 진짜 맛있네요.
    나: 그러게요. 지난번에 왔을 때도 맛있어서 많이 먹었는데….
    가: 저도요. 오늘도 정말 _____ 먹었어요. (배가 터지다)

4) 가: 오늘 개봉한 영화 봤어요?
    나: 아니요. 아직 못 봤는데 왜요?
    가: 그럼 꼭 한 번 보세요. 너무 재미있어서 _____ . (배꼽이 빠지다)

5) 가: 요즘 숙제가 너무 많아서 일찍 잘 수가 없어요.
    나: 어제도 늦게까지 숙제했어요?
    가: 네. 새벽 2시에 잤더니 지금 _____ . (눈도 못 뜨다)

개봉하다 to release

문법과 표현 2 : 명만 되면, 동-기만 하면

1. 그림을 보고 대화를 완성해 보세요.

1)

가: 왜 이렇게 차가 막히죠? 앞에 사고 난 거 아니에요?
나: 이 도로는 __주말만 되면__ 항상 막혀요.

2)

가: 아직도 시차 때문에 고생하고 있어요?
나: 네. _____ 눈이 떠져요.

3)

가: 관악산에 원래 이렇게 사람이 많아요?
나: 단풍이 아름답잖아요. _____
관악산이 등산객들로 붐벼요.

4)

가: 가게 문도 안 열었는데 사람들이 줄을 서 있네요.
나: 이 가게 빵은 인기가 있어서 가게 문을 열자마자 다 팔린대요.
그래서 _____ 사람들이 줄을 서요.

5)

가: 카페에 왜 이렇게 사람이 많지요?
나: 요즘에는 학생들이 다 카페에서 공부한대요. 그래서
_____ 자리가 없을 정도예요.

 시차 time difference

2. 대화를 완성해 보세요.

1) 가: 우리 점심에 김밥 먹을까?
   나: 난 김밥은 별로야. <u>김밥을 먹기만 하면</u> 소화가 안 돼.

2) 가: 카페라테 한 잔 남았는데 너 마실래?
   나: 난 우유를 못 마셔. _____ 배가 아프거든.

3) 가: 왜 갑자기 울어요? 무슨 일 있어요?
   나: 지금 나오는 노래 때문에 그래요.
   _____ 돌아가신 엄마 생각이 나요.

4) 가: 민우 씨랑 만나기로 약속하고 나서 몇 번이나 취소했다면서?
   나: 자꾸 급한 일이 생겨서 그랬어.
   신기하게도 민우 씨하고 _____ 무슨 일이 생기네.

5) 가: 공부하러 도서관에 갈래?
   나: 도서관에 가면 공부를 하나도 못할 걸.
   난 _____ 잠이 오더라.

6) 가: 테오 씨, 운동할 때 안경 쓰면 불편하지 않아요? 렌즈를 껴 보는 게 어때요?
   나: 전 렌즈를 못 껴요.
   _____ 눈이 충혈돼요.

어휘 Vocabulary

1. 알맞은 말을 골라서 대화를 완성해 보세요.

> 과식하다　　　　외식하다　　　　야식을 먹다
> 달게 먹다　　　　짜게 먹다　　　　기름진 음식을 먹다

1) 가: 오늘 저녁은 밖에 나가서 먹을까?
   나: 오늘은 집에서 만들어서 먹자. 요즘 자주 <u>외식해서</u> 건강이 안 좋아진 것 같아.

2) 가: 저녁을 일찍 먹어서 배가 고픈데 _____?
   나: 나도 배가 고픈데 참는 게 좋겠어. 곧 잘 시간이잖아.

3) 가: 어디 갔다 오는데 표정이 안 좋아?
   나: 치과에 다녀왔어. 내가 평소에 좀 _____ 젤리도 자주 먹잖아. 그래서 충치가 생겼대.

4) 가: 국이 좀 싱거운데 소금이 어디 있지?
   나: 나는 괜찮은 것 같은데…. _____ 건강에 안 좋으니까 그냥 먹는 게 어때?

5) 가: 오늘 저녁에 치킨하고 피자 시켜 먹을까?
   나: 그런 _____ 소화가 잘 안될 거야.

6) 가: 요즘 밥을 먹을 때 너무 많이 먹게 돼서 걱정이에요.
   나: 그렇게 계속 _____ 살도 찌고 건강도 나빠질 수 있으니까 조금씩 식사량을 줄여 보세요.

표정 facial expression

2. 알맞은 말을 골라서 문장을 완성해 보세요.

> 당뇨병에 걸리다　　혈압이 높아지다　　위염에 걸리다
> 비만이 되다　　(충치가 생기다)

1) 초콜릿이나 케이크 같은 디저트를 너무 좋아해서 자주 먹었더니 <u>충치가 생겼다</u>.

2) 밥을 먹고 바로 눕는 습관이 있는데 요즘 소화가 안되고 속이 아픈 걸 보니 _____ 것 같다.

3) 기름진 음식을 많이 먹으면 혈관이 좁아져서 _____ 수 있다.

4) 야식을 자주 먹고 운동을 하지 않으면 체중이 증가해서 _____.

5) _____ 목이 자주 마르고 살이 빠지는 증상이 나타난다.

3. 질병이 생기는 원인과 예방법에 대해 이야기해 보세요.

고혈압

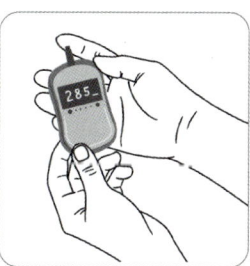
당뇨

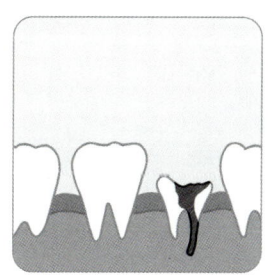
충치

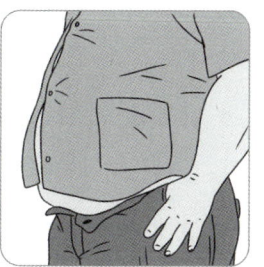
비만

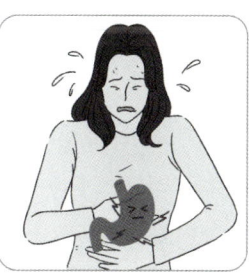
위염

짠 음식이나 기름진 음식을 많이 먹으면 고혈압이 생길 수 있어요.

고혈압을 예방하려면 음식을 싱겁게 먹고 채소를 많이 먹어야 합니다.

 혈관 blood vessel　질병 disease

문법과 표현 3 — 동-는 셈이다, 형-은 셈이다, 명인 셈이다

1. 그림을 보고 대화를 완성해 보세요.

1)

가: 직장을 옮기는 사람들이 많아졌다면서요?
나: 네. 20대 직장인의 18%가 직장을 옮겼다고 합니다. 열 명 중 두 명은 <u>회사를 옮긴 셈입니다</u>.

2)

가: 요즘 안경을 쓴 아이들이 많아졌다고 들었습니다.
나: 네. 요즘 유치원에 다니는 아이들 중 안경을 쓰는 어린이가 63%로, 세 명 중 두 명은 _____.

3)

가: 우리 국민 중 일 년에 한 권 이상 책을 읽는 사람이 68.8%라면서요?
나: 네. 다시 말하면 일 년에 책을 한 권도 안 읽는 사람이 약 30%로, 열 명 중 세 명은 _____.

4)

가: 청소년 중 알레르기 비염이 있는 학생이 전체 학생의 36.6%나 된다고 합니다.
나: 네. 청소년 세 명 중 한 명은 _____.

5)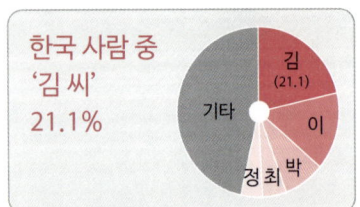

가: 한국 사람의 성 중 가장 흔한 것은 무엇입니까?
나: 김 씨가 가장 많다고 하는데요. 김 씨는 전체 한국인의 21.1%로, 한국인 5명 중 1명은 _____.

6)

가: 한국의 대학생들 중에 수면 장애로 스트레스를 호소하는 학생이 증가한 것 같습니다.
나: 네. 그래서인지 대학생의 수면 장애 비율이 48.9%로 꽤 높게 나타났는데요. 대학생 두 명 중 한 명은 _____.

 호소하다 to appeal   수면 장애 sleep disorder

2. 대화를 완성해 보세요.

1) 가: 이 가게의 구두는 다른 곳보다 비싸네요.
   나: 이 가게에서 구두를 사면 수선비가 공짜예요. 일 년에 두세 번은 구두를 고치니까 <u>이 가게 구두가 다른 가게 구두보다 더 싼 셈이에요</u>.

2) 가: 이 우유는 좀 비싸지만 하나를 사면 하나를 더 주네요. 우리 이걸로 사요.
   나: 지난번에도 1+1 상품을 샀다가 다 못 먹고 버렸잖아요. 1+1 상품을 사서 다 못 먹으면 한 개 사는 것보다 _____.

3) 가: 밀가루로 만든 음식을 매일 드시나요?
   나: 하루에 한 번은 샌드위치나 라면을 먹으니까 _____.

4) 가: 테오 씨, 태권도를 잘한다면서요? 오래 배웠어요?
   나: 어렸을 때 10년쯤 배우고 5년 전에 한국에 와서 다시 시작했으니까 _____.

5) 가: 숙제하는 데 시간이 얼마나 걸렸어요?
   나: 2시에 시작해서 2시 55분쯤 끝났으니까 _____.

6) 가: 오늘부터 서울피자집에서 할인 행사를 한다면서? 얼마나 할인을 해 준대?
   나: 20,000원짜리 피자를 11,000원에 파니까 원래 가격의 _____.

7) 가: 민수 씨, 고향은 어디예요?
   나: 태어난 곳은 부산인데 세 살 때 서울로 이사 와서 계속 서울에서 살았으니까 _____.

수선비 repair fee

문법과 표현 4　동형-을 수밖에 없다, 명일 수밖에 없다

1. 대화를 완성해 보세요.

1) 가: 치킨을 많이 먹었더니 소화가 안돼요.
   나: 기름진 음식을 많이 먹으면 <u>소화가 안될 수밖에 없어요</u>.

2) 가: 추운 날씨에 반바지만 입고 나갔더니 감기에 걸렸어요.
   나: 날씨가 추울 때 옷을 얇게 입으면 _____.

3) 가: 어제 늦은 시간까지 공부를 했더니 오늘 너무 피곤해요.
   나: 저녁에 늦게 자면 _____.

4) 가: 룸메이트랑 생활 습관이 달라서 지내기가 너무 힘들어요.
   나: 생활 습관이 다르면 _____.

5) 가: 일하느라 바빠서 하루 종일 굶었더니 너무 배가 고파요.
   나: 하루 종일 아무것도 먹지 않으면 _____.

6) 가: 사람들이 나나 씨가 하는 말을 모두 믿고 그 말을 따르는 것 같아요.
   나: 나나 씨 말은 설득력이 있으니까 _____.

2. 대화를 완성해 보세요.

1) 가: 친한 친구라면서 왜 부탁을 안 들어줬어요?
   나: 너무 바빠서 부탁을 <u>거절할 수밖에 없었어요</u>.

2) 가: 왜 걸어왔어요?
   나: 교통카드를 잃어버리고 현금도 없어서 _____.

3) 가: 오늘 커피를 다섯 잔이나 마셨다고요?
   나: 네. 할 일은 많은데 자꾸 졸려서 _____.

4) 가: 남자 친구하고 왜 헤어졌어요?
   나: 부모님이 반대해서 _____.

5) 가: 음식을 많이 남겼네요. 음식이 맛이 없었어요?
　　나: 아침을 많이 먹었더니 배가 불러서 _____.

6) 가: 어제 왜 야근을 했어요?
　　나: 오늘 아침 회의가 있어서 자료 준비를 하느라 _____.

3. 다음 상황에 대해서 이야기해 보세요.

1)

주말에 여자 친구랑 극장에 영화를 보러 갔다. 액션 영화는 표가 매진돼서 <u>코미디 영화를 볼 수밖에 없었다</u>.

2)

영화관에서 음료수를 사러 갔다. 졸려서 커피를 마시고 싶었지만 커피가 없어서 _____.

3)

영화를 보고 밥을 먹으러 맛집으로 소문난 식당에 갔는데 사람이 너무 많아서 _____.

4)

집에 가려고 버스 정류장에 갔는데 시간이 늦어서 버스가 끊겼다. _____.

야근 working overtime

3

선택과 변화 Choices & Changes

3-1 만족과 후회

3-2 사회 변화

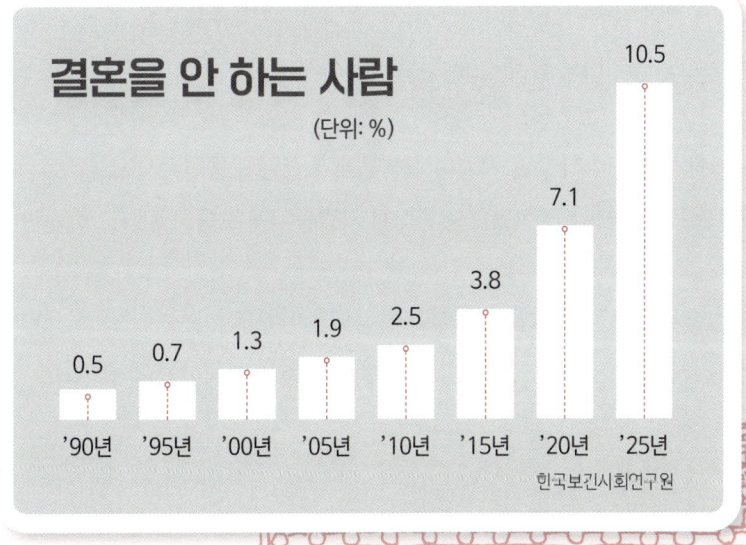

결혼을 안 하는 사람
(단위: %)

0.5 0.7 1.3 1.9 2.5 3.8 7.1 10.5
'90년 '95년 '00년 '05년 '10년 '15년 '20년 '25년

한국보건사회연구원

3-1	어휘	만족, 후회
	문법과 표현	동-으려다(가)
		동-다(가) 보니(까)
3-2	어휘	가치관, '비-'
	문법과 표현	동형-음, 명임
		동-는가?, 형-은가?, 명인가?

어휘 Vocabulary

1. 알맞은 말을 골라서 대화를 완성해 보세요.

> 만족스럽다   즐기다   (자랑스럽다)   자신감이 생기다   보람이 있다

1) 가: 우와. 우리 나라 선수가 3회 연속 올림픽 메달을 땄어요.
   나: 한 번도 대단한데 세 번이나 메달을 따다니 정말 <u>자랑스러워요</u>.

2) 가: 그거 새로 나온 스마트폰 아니에요? 써 보니까 어때요?
   나: 지금 한 달 정도 썼는데 _____. 크기도 적당하고 모양도 예쁘고요.

3) 가: 이제 운전이 익숙해졌어요?
   나: 네. 이제는 장거리도 갈 수 있을 정도로 운전에 _____.

4) 가: 소날 씨가 만든 수학 학습 게임이 학생들에게 정말 도움이 된대요.
   나: 정말요? 만들 때 너무 힘들었는데 다른 사람들에게 도움이 된다고 하니까 _____.

5) 가: 선생님, 앞으로 어떤 일을 선택해야 할지 고민이에요.
   나: 재미있게 _____ 수 있는 일을 선택하는 게 좋아요.

2. 어울리는 표현을 찾아서 연결해 보세요.

1) 학생 때 동아리도 안 하고 공부만 한 게 • • 엉망이 됐어요.
2) 적성에도 맞지 않는 일을 계속 하니까 너무 • • 후회스러워요.
3) 비행기 시간을 착각해서 계획이 • • 괴로워요.
4) 오랜만에 만났는데 밥만 먹고 헤어져서 너무 • • 실망스러워요.
5) 시험을 잘 봤다고 생각했는데 점수가 너무 낮아서 • • 아쉬워요.

연속 consecutive

3. 여러분도 다음과 같은 경험이 있습니까? 친구와 이야기해 보세요.

- 만족스러운 일
- 자랑스러운 일
- 보람을 느낀 일
- 아쉬운 일
- 엉망이 된 일
- 실망스러운 일

> 저는 휴가 때 해외여행을 가고 싶었는데 휴가가 짧아서 해외여행 대신 국내 여행을 한 적이 있어요. 어쩔 수 없이 선택한 여행지였지만 아름다운 경치와 맛있는 음식 덕분에 정말 만족스러웠어요.

문법과 표현 1 동-으려다(가)

1. 대화를 완성해 보세요.

1) 가: 커피 마신다고 하더니 안 마셔요?
   나: <u>마시려다가</u> 참기로 했어요. 오늘 너무 많이 마셨거든요.

2) 가: 머리 짧게 자른다더니 그대로네. 미용실 갔다 온 거 아니었어?
   나: 응. _____ 다듬기만 했어. 짧은 머리는 나한테 안 어울릴 것 같아서.

3) 가: 자격증 시험을 또 봐? 너무 힘들어서 포기한다고 했잖아?
   나: 응. _____ 지금까지 준비한 게 너무 아까워서 한 번만 더 해 보기로 했어.

4) 가: 몸이 안 좋아서 집에 일찍 간다고 했잖아요. 왜 아직 안 갔어요?
   나: _____ 아픈 게 좀 나아져서 수업을 다 듣고 가기로 했어요.

5) 가: 거래처에 서류 보냈지요?
   나: _____ 틀린 게 있어서 고치고 있습니다. 수정을 마치면 바로 보내겠습니다.

6) 가: 잡채 만들어 준다더니 웬 볶음밥이에요?
   나: _____ 시간이 없어서 볶음밥을 했어요. 잡채는 나중에 만들어 줄게요.

2. 그림을 보고 대화를 완성해 보세요.

1)
   가: 일찍 왔네요. 택시를 타고 왔어요?
   나: <u>택시 타려다가</u> 길이 막히는 것 같아서 지하철 타고 왔어요.

2)
   가: 점심에 뭐 먹었어요? 또 라면을 먹은 거 아니에요?
   나: _____ 요즘 너무 자주 먹어서 비빔밥을 먹었어요.

수정 correction

3)
가: 관악산에 가 봤다면서요? 정상에 올라가면 서울대학교를 다 볼 수 있어요?
나: 저도 잘 몰라요. 정상까지 _____ 비가 와서 중간에 내려왔거든요.

4)
가: 여자 친구 생일 선물로 뭘 하면 좋을까? 꽃?
나: 나도 꽃을 _____ 귀걸이를 선물했는데 좋아하더라고. 여자 친구한테 뭐가 필요한지 한번 생각해 봐.

5)
빵을 사고 싶지만 오늘도 포기….
가: 서울빵집이 맛집인가 봐요. 항상 사람들이 줄을 서 있더라고요.
나: 네. 저도 지난번에 빵을 _____ 기다리는 사람이 너무 많아서 포기한 적이 있어요.

6)
어두워서 그만둬야겠네.
가: 가수 김빈 씨의 콘서트에 다녀왔다면서요? 사진도 많이 찍었어요?
나: 사진을 _____ 너무 어두워서 그만뒀어요. 사진을 못 찍어서 속상해요.

3. 계획이나 생각을 바꾼 경험에 대해 이야기해 보세요.

여행 계획   주말 계획

집 구하기   외국어 배우기

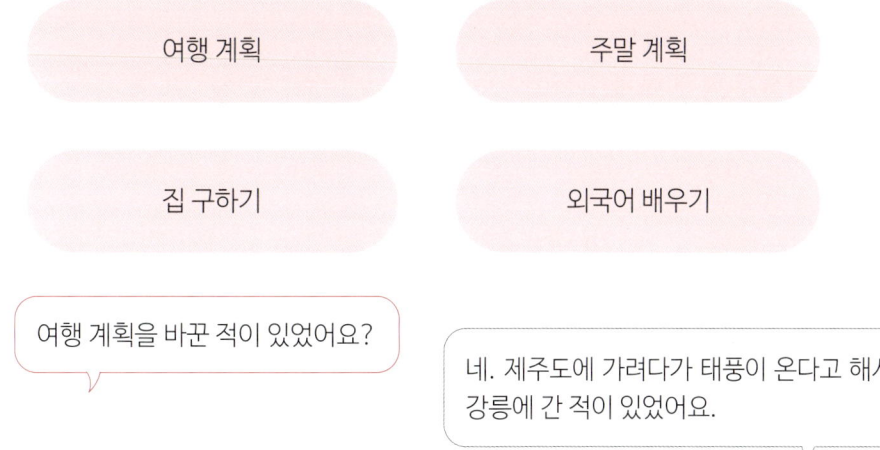

여행 계획을 바꾼 적이 있었어요?

네. 제주도에 가려다가 태풍이 온다고 해서 강릉에 간 적이 있었어요.

문법과 표현 2 동-다(가) 보니(까)

1. 바르게 연결하고 대화를 완성해 보세요.

   1) 물을 자주 마시다 — 피부가 좋아지다
   2) 매운 음식을 자주 먹다 • • 운동하는 게 습관이 되다
   3) 자주 식당에 오다 • • 매운맛에 익숙해지다
   4) 아침마다 운동을 하다 • • 사장님과 친해지다

   1) 가: 피부가 전보다 좋아진 것 같아요.
      나: 물을 자주 마시다 보니(까) 피부가 좋아졌나 봐요.

   2) 가: 이제 매운 음식 잘 먹네요. 전에는 못 먹더니….
      나: _____.

   3) 가: 이 가게 사장님하고 아는 사이예요?
      나: _____.

   4) 가: 매일 아침에 일찍 일어나서 운동하는 거 힘들지 않아요?
      나: _____.

2. 사진을 보고 대화를 완성해 보세요.

   1)
      가: 이번 시험 잘 봤어요?
      나: 네. 열심히 공부하다 보니까 성적이 올랐어요.

2)

가: 수술했다면서요? 어디 다쳤어요?
나: 아니요. 잘못된 자세로 오래 _____ 허리 디스크에 문제가 생겨서요.

3)

가: 오늘 일찍 퇴근한다고 하지 않았어요? 지금 벌써 8시예요.
나: _____ 퇴근 시간이 지난 줄 몰랐어요.

4)

가: 리아 씨가 말하는 걸 들으면 정말 한국 사람 같아요.
나: 한국인 남편과 살면서 집에서도 한국어를 계속 _____ 예전보다 한국어 실력이 좋아진 것 같아요.

5)

가: 눈이 빨갛게 충혈됐어요. 피곤해요?
나: _____ 너무 재미있어서 밤을 새웠거든요.

3. 친구와 이야기해 보세요.

- 매일 책을 읽다
- 혼자 살다
- 장거리 연애를 하다
- 매일 요리를 하다
- 스마트폰을 사용하다

> 매일 책을 읽다 보니까 상식이 풍부해졌어요.

> 매일 책을 읽다 보면 독서가 습관이 될 거예요.

 상식 common sense   풍부해지다 to be enriched

어휘 Vocabulary

1. 알맞은 말을 골라서 문장을 완성해 보세요.

> 생각이 반영되다　　사고방식이 변화하다　　바탕이 되다
> （영향을 받다）　　영향을 끼치다

1) 중학교에 다닐 때 적극적이고 활발한 친구들을 사귀면 성적도 좋고 학교생활에도 문제가 없다는 연구 결과가 있다. 청소년들은 같은 나이의 친구들에게 큰 __영향을 받는다__ .

2) 종이컵을 사용할 때 돈을 내게 하거나 손님이 가져간 통에 음식을 포장하면 할인을 해 주는 정책은 환경을 보호해야 한다는 _____ 것이다.

3) 서로에 대한 믿음이 깨져서 이혼하는 부부들이 많다. 서로에 대한 이해와 신뢰가 _____ 결혼 생활을 잘 유지할 수 있다.

4) 유명한 연예인들이 어려운 이웃을 위해 기부하는 것을 보고 따라 하는 사람들이 많다. 유명한 연예인들의 행동은 많은 사람들에게 _____ 것을 알 수 있다.

5) 좋은 말을 쓰다 보면 좋은 생각을 하게 되고, 바람직한 행동을 하게 된다. 이렇게 언어 습관을 바꾸면 _____ 행동 역시 달라질 수 있다.

2. 알맞은 말을 골라서 밑줄 친 부분을 바꿔 보세요.

> （비정상적이다）　비현실적이다　　비공개로　　비전문적이다　　비대면으로

1) 사랑하는 사람과 헤어졌을 때 기뻐하며 웃는 것은 <u>이상한</u> 행동이다.
　➡ 비정상적인

정책 policy　　신뢰 trust　　기부하다 to donate　　바람직하다 to be desirable

2) 중요한 주제를 다루기 때문에 이번 회의는 일반 직원들의 참여 없이 진행된다.
   ➡ _____

3) 한 달 동안 한국어를 공부해서 한국 사람처럼 말하겠다는 계획은 실제로는 이룰 수 없는 것이다.
   ➡ _____

4) 치과 의사는 이가 아픈 사람을 잘 치료하지만 눈이 아픈 사람은 잘 치료할 수 없다. 치과 의사에게 안과는 잘 알지 못하는 분야이다.
   ➡ _____

5) 이번 회의는 참석자들의 스케줄을 고려해서 온라인으로 진행하기로 결정했다.
   ➡ _____

3. 알맞은 말을 골라서 글을 완성해 보세요.

| 생각이 반영되다 | 영향을 끼치다 | 비현실적이다 |
| 영향을 받다 | 바탕이 되다 | 비정상적이다 |

신화에는 사람이 하늘을 날아다니거나 동물과 이야기를 하는 등 1) __비현실적인__ 내용이 많다. 그런데 역사적 사실이 신화의 2) _____ 경우도 있다. 한국에는 단군 신화라고 하는 건국 신화가 있다. 단군 신화에는 단군이 한국 땅에 처음으로 나라를 세웠다는 역사적인 사실이 나타나 있다.

건국 신화뿐만 아니라 왕과 같이 특별한 사람에 대한 신화도 있다. 왕에 대한 신화를 만든 데에는 평범하지 않고 특별한 사람만이 왕이 될 수 있다는 3) _____ 있다. 신화에서 왕이 될 수밖에 없었던 이유를 설명하면 왕은 특별한 존재라고 생각되고 일반 사람들에게 더 큰 4) _____ 수 있게 되는 것이다.

참여하다 to participate

문법과 표현 3 : 동형-음, 명임

1. **문장을 바꿔 보세요.**

   1) 냉장고에 간식 있어. ➡ 냉장고에 간식 있음.

   2) 김밥을 자주 사 먹습니다. ➡ _____.

   3) 다음 회의는 온라인으로 진행됩니다. ➡ _____.

   4) 한국에서는 방 안에서 신발을 신지 않습니다. ➡ _____.

   5) 올해 겨울에는 날씨가 너무 추워요. ➡ _____.

   6) 편의점에서 신문을 팔아요. ➡ _____.

   7) 이 제품은 국산입니다. ➡ _____.

2. **문장을 바꿔 보세요.**

   1) 작년에는 눈이 많이 왔습니다. ➡ 작년에는 눈이 많이 왔음/옴.

   2) 여행 계획이 바뀌었습니다. ➡ _____.

   3) 비행기표를 예매해 놓았습니다. ➡ _____.

   4) 오후에 택배가 왔어요. ➡ _____.

   5) 지난 주말에 학교 앞 도로를 공사했습니다. ➡ _____.

국산 domestic

3. 수업 내용을 요약해 보세요.

헷갈리는 한국어

한국 사람들도 '안'과 '않'을 혼동하는 사람이 많습니다. 이것은 발음이 비슷하기 때문입니다.
　　　　　　　　　　　　　1) 많음　　　　　　2) _____

'안'과 '않'은 아래처럼 쓰입니다.
　　　　　　　3) _____
① 철수가 밥을 안 먹는다.
② 철수가 밥을 먹지 않는다.

'안'은 앞에서 부정할 때 사용합니다. 그래서 뒤에 형용사나 동사가 옵니다.
　　　　　　4) _____　　　　　　　　5) _____

'않'은 뒤에서 부정할 때 씁니다. 그래서 앞에 형용사나 동사가 나옵니다.
　　　　　　6) _____　　　　　　　　7) _____

잘 모르겠으면 '-지' 뒤에 있으면 '않'을 쓰면 됩니다.
　　　　　　　　　　8) _____

4. 친구를 인터뷰하면서 메모해 보세요.

질문	답변
1) 언제 한국에 왔어요?	10개월 전에 왔음/옴
2)	
3)	
4)	
5)	

> 소날 씨는 언제 한국에 왔어요?

> 저는 10개월 전에 한국에 왔어요.

헷갈리다 to be confused　　혼동하다 to mix up　　부정하다 to deny

문법과 표현 4 동-는가?, 형-은가?, 명인가?

1. 문장을 바꿔 보세요.

1) 현대인은 무엇을 먹고 마셔요? ➡ 현대인은 무엇을 먹고 마시는가?
2) 이 일은 전망이 밝습니까? ➡ _____?
3) 어떻게 하면 행복해질 수 있습니까? ➡ _____?
4) 앞으로 무슨 일이 생길지 알아요? ➡ _____?
5) 우리 회사의 인재상은 무엇입니까? ➡ _____?
6) 문제를 해결하기 위해 어떻게 해야 합니까? ➡ _____?
7) 왜 사람들의 불만이 많아졌습니까? ➡ _____?
8) 아직 진로를 정하지 않았어요? ➡ _____?
9) 환경 문제가 중요하지 않습니까? ➡ _____?
10) 당신이라면 어떻게 하겠습니까? ➡ _____?

2. 주어진 표현을 사용해서 글을 완성해 보세요.

모든 사람이 작가가 될 수 있다. 작가만이 책을 쓸 수 있는 것이 아니다. 책을 써서 작가라고 불리는 것이다. 누구나 자신의 경험에 대해 글을 쓸 수 있고 책으로 만들 수 있다.

1) <u>여행을 좋아하는가</u>? 그렇다면 여행 에세이를 써 보는 건 어떤가? 전국 곳곳에 있는
　　(여행을 좋아해요?)

2) _____? 그러면 맛집에 대한 칼럼을 3) _____? 이처럼 최근에는
　　(맛집을 찾아다녀요?)　　　　　　　　　　　　　　　　　　(써 보면 어때요?)

분야별로 비전문가들의 책이 쏟아져 나온다. 왜 이런 책들이 4) _____? 평범한 사람들이
　　　　　　　　　　　　　　　　　　　　　　　　　　　　　　　(인기가 있어요?)

쓴 책이 인기를 끄는 이유는 보통 사람들의 경험이 다른 평범한 사람들에게 위로를 주기 때문이다. 평범한 작가들의 평범한 경험, 이것이 바로 이 시대 작가들의 힘인 것이다.

불리다 to be called　　분야별 by sector　　위로 comfort

3. 친구의 질문을 듣고 '-는가?'로 바꿔서 말해 보세요. 그리고 질문과 대답을 메모해 보세요.

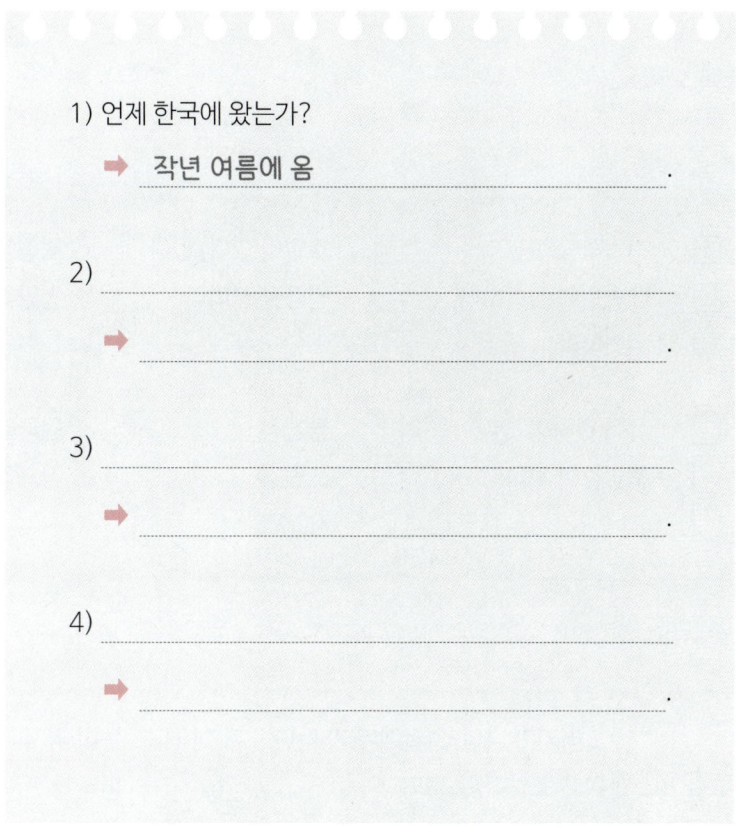

1) 언제 한국에 왔는가?
   ➡ 작년 여름에 옴.

2) _____
   ➡ _____.

3) _____
   ➡ _____.

4) _____
   ➡ _____.

복습 1

말하기 Speaking

1. 어휘의 의미를 설명해 보세요.

1단원

진로를 정하다 ☐	창업하다 ☐	소질이 있다/없다 ☐	적성에 맞다/안 맞다 ☐
진로를 고민하다 ☐	대학원에 진학하다 ☐	전공을 살리다 ☐	전망이 밝다/어둡다 ☐
진로를 바꾸다 ☐	취업하다 ☐		

공감 능력이 뛰어나다 ☐	유머 감각이 있다 ☐	긍정적 ☐	적극적 ☐
리더십이 있다 ☐	책임감이 강하다 ☐	도전적 ☐	창의적 ☐
설득력이 있다 ☐		사교적 ☐	

2단원

가스가 차다 ☐	두드러기가 나다/얼굴에 뭐가 나다 ☐	눈이 빠지다 ☐	
피부가 가렵다 ☐	눈이 건조하다/충혈되다 ☐	머리가 깨지다 ☐	
재채기를 하다 ☐	어깨가/목이 뻣뻣하다 ☐	배가 터지다 ☐	
		팔이 빠지다 ☐	
		귀가 떨어져 나가다 ☐	

외식하다 ☐	짜게/달게 먹다 ☐	혈압이 높아지다 ☐	비만이 되다 ☐
과식하다 ☐	기름진 음식을 먹다 ☐	당뇨병에 걸리다 ☐	위염에 걸리다 ☐
야식을 먹다 ☐	식사 시간이 불규칙하다 ☐	충치가 생기다 ☐	

3단원

만족스럽다 ☐	보람을 느끼다/보람이 있다 ☐	괴롭다 ☐	후회스럽다 ☐
자랑스럽다 ☐	자신감이 생기다 ☐	실망스럽다 ☐	엉망이다/엉망이 되다 ☐
즐기다 ☐		아쉽다 ☐	

생각이 반영되다 ☐	영향을 주다/끼치다 ☐	비정상(적) ☐	비전문적 ☐
사고방식이 변화하다 ☐	영향을 받다 ☐	비공개(적) ☐	비대면 ☐
바탕이 되다 ☐		비현실적 ☐	

2. **어휘를 사용해서 이야기해 보세요.**

❶ 진로를 정했습니까?
네 → ❷번으로
아니요 → ❸번으로

❷ 그 일이 적성에 맞는 것 같습니까?
네 → ❹번으로
아니요 → ❸번으로

❸ 어떤 일에 소질이 있습니까?
→ 다음 칸으로

❹ '-적'이 포함된 단어를 3개 말해 보세요.
↓ 다음 칸으로

출발

❺ 어제 과식을 했습니까?
네 → ❻번으로
아니요 → ❼번으로

❾ 오랜 시간 휴대폰이나 컴퓨터를 보면 어떤 문제가 생길까요?
↓ 다음 칸으로

❽ 음식을 달게 먹으면 어떤 문제가 나타날까요?
← 다음 칸으로

❼ 평소에 달게 먹는 편입니까?
네 → ❽번으로
아니요 → ❾번으로

❻ 과식하면 어떤 증상이 나타납니까?
← 다음 칸으로

❿ 자신이 선택한 일이 후회스러웠던 적이 있습니까?
네 → ⓫번으로
아니요 → ⓬번으로

⓫ 그때 느꼈던 기분을 설명해 보세요.
→ 다음 칸으로

⓬ '비-'가 포함된 단어를 3개 말해 보세요.
→ 다음 칸으로

⓭ 여러분이 한국어를 공부할 때 가장 많이 영향을 받은 것에 대해 이야기해 보세요.
→ 다음 칸으로

도착

3. 문법과 표현의 의미를 확인해 보세요.

1단원

동-는다면서(요)? 형-다면서(요)? 명이라면서(요)?	가: 한국 사람들은 김치를 자주 **먹는다면서요**? 나: 네. 그래서인지 대부분의 식당에서 김치가 기본 반찬으로 나와요.
동-다(가) 보면	가: 한국어로 말하기가 너무 힘들어요. 나: 한국어로 자꾸 **이야기하다 보면** 어렵지 않게 말하게 될 거예요.
명은 동-는다는 것이다 명은 형-다는 것이다 명은 명이라는 것이다	외국 생활의 **어려운 점은** 모든 것을 혼자 **해결해야 한다는 것이다**.
명뿐만 아니라 동형-을 뿐만 아니라 명일 뿐만 아니라	그 가수가 인기를 끄는 이유는 노래를 **잘할 뿐만 아니라** 팬들과 자주 소통하기 때문이다.

2단원

동형-을 정도로 동형-을 정도이다	가: 여기가 그렇게 좋아요? 나: 네. 다음 휴가 때 다시 **오고 싶을 정도로** 좋아요.
명만 되면 동-기만 하면	가: 저 두 사람 왜 저렇게 싸워요? 나: 지난번 과제를 같이 하고 난 후로 **만나기만 하면** 싸워요.
동-는 셈이다, 형-은 셈이다 명인 셈이다	일주일에 5일 이상은 운동을 하니까 거의 매일 **운동하는 셈이다**.
동형-을 수밖에 없다 명일 수밖에 없다	실외에서 열리는 행사인데 태풍이 와서 행사를 **취소할 수밖에 없었다**.

3단원

동-으려다(가)	가: 불고기를 해 준다더니 웬 라면이에요? 나: 불고기를 **만들려다가** 시간이 없어서 라면을 끓였어요.
동-다(가) 보니(까)	가: 처음 한국에 왔을 때는 김치를 못 먹더니 이제 김치를 잘 먹네요? 나: 네. 김치를 자주 **먹다 보니까** 잘 먹게 됐어요.
동형-음, 명임	다음 주에 단어 시험이 **있음**.
동-는가?, 형-은가? 명인가?	어떻게 해야 **행복해질 수 있는가**?

4. 문법과 표현을 사용해서 이야기해 보세요.

1) 동형-을 정도로　　2) 명만 되면, 동-기만 하면　　3) 동-다(가) 보니(까)
4) 동-으려다(가)　　5) 동형-을 뿐만 아니라, 명뿐만 아니라　　6) 동형-을 수밖에 없다

가형
1) 머리가 많이 아파요?
2) 가을이라서 단풍이 아름답네요. 산에 한번 가 볼까요?
3) 처음에는 어려웠지만 열심히 해서 잘하게 된 일이 있어요?
4) 진로나 미래에 대한 계획을 바꾼 경험이 있어요?
5) 밤에 잠을 자지 않으면 어떤 문제가 생깁니까?
6) 민우 씨는 인기가 많은 것 같아요. 이유가 뭘까요?

나형
1) 음식을 남기면 안 돼요. 더 드세요.
2) 봄이라서 그런지 기운도 없고 입맛도 없어요.
3) 한국에 처음 왔을 때는 못 먹었지만 잘 먹게 된 음식이 있어요?
4) 오랫동안 계획했던 일을 포기한 적이 있어요?
5) 운동을 하면 어떤 점이 좋습니까?
6) 왜 다음 학기에 휴학을 해요?

다형
1) 낙지볶음이 그렇게 매워요?
2) 왜 이렇게 재채기를 해요? 감기에 걸렸어요?
3) 처음에는 관계가 안 좋았지만 나중에 잘 지내게 된 사람이 있어요?
4) 여행을 하다가 중간에 계획을 바꾼 적이 있어요?
5) 우리 학교 학생 식당은 어떤 점이 좋습니까?
6) 하기 싫지만 해야 하는 일이 있어요?

머리가 많이 아파요?

머리가 깨질 정도로 아파요.

듣기 Listening

[1~4] 다음을 듣고 질문에 답해 보세요.

1. 뉴스를 듣고 알맞은 그래프를 고르세요.

   ① 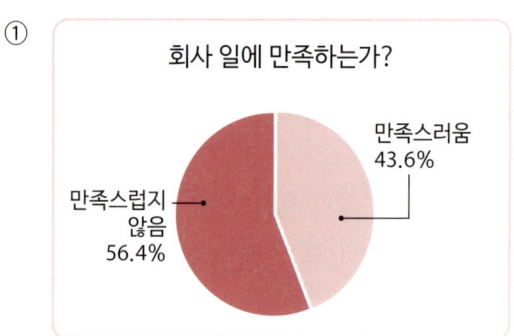   ②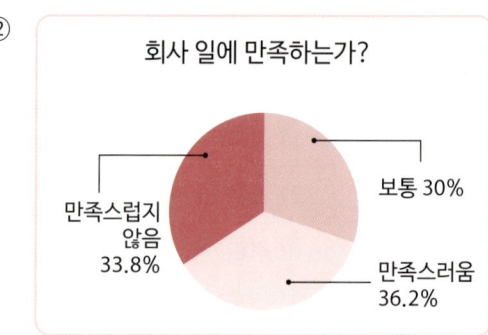

   ③    ④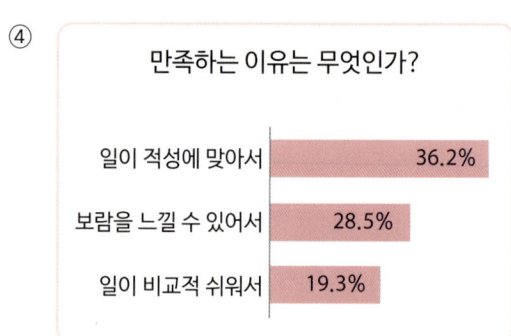

2. 대화가 끝난 후 여자가 이어서 할 행동으로 가장 알맞은 것을 고르세요.

   ① 영화를 보러 간다. ② 이력서를 작성한다.
   ③ 선배한테 연락한다. ④ 사진을 찍으러 간다.

3. 대화가 끝난 후 남자가 이어서 할 행동으로 가장 알맞은 것을 고르세요.

   ① 집으로 돌아간다. ② 설문지를 작성한다.
   ③ 자신의 이름을 알려 준다. ④ 건강 검진을 다시 예약한다.

4. 인터뷰를 듣고 여자의 생각으로 가장 알맞은 것을 고르세요.

   ① 자신이 즐길 수 있는 일을 해야 된다.
   ② 사람들의 인정을 받을 수 있어야 한다.
   ③ 오랫동안 한 분야에서 일하면 최고가 될 수 있다.
   ④ 다른 사람들에게 영향을 줄 때 보람을 느낄 수 있다.

[5~6] 다음을 듣고 들은 내용과 같은 것을 고르세요.

5. ① 여자는 졸업하자마자 취업했다.
   ② 남자는 대학원에 진학하기로 했다.
   ③ 여자는 소질을 살릴 수 있는 공부를 할 것이다.
   ④ 남자는 경제학이 자신의 적성에 안 맞는다고 생각한다.

6. ① 재학생은 적성 검사를 받을 수 없다.
   ② 신청 기간은 4월 4일부터 일주일 동안이다.
   ③ 검사 결과는 검사한 다음 날 온라인으로 알려 준다.
   ④ 신청자가 많으면 원하는 날짜에 검사를 받을 수 없다.

[7~8] 대화를 듣고 질문에 답해 보세요.

7. 두 사람은 무엇에 대해 이야기하고 있습니까?
   ① 성격에 맞는 직업의 종류　　② 취업을 준비할 때 주의할 점
   ③ 업무 능력을 키우기 위한 방법　　④ 회사에서 직원을 뽑을 때의 조건

8. 남자의 생각으로 가장 알맞은 것을 고르세요.
   ① 성격 검사 결과를 믿을 수 없다.　　② 회사는 자신들이 원하는 직원을 뽑아야 한다.
   ③ 능력보다 성격을 더 중요하게 생각해야 한다.　　④ 성격 검사보다 자기소개서와 면접이 더 효과적이다.

[9~10] 강연을 듣고 질문에 답해 보세요.

9. 이 강연의 주제로 가장 알맞은 것을 고르세요.
   ① 야식 증후군의 특성　　② 야식을 줄이는 방법
   ③ 야식과 체중의 관련성　　④ 야식으로 적당한 음식

10. 들은 내용과 일치하는 것을 고르세요.
    ① 물을 마시면 식욕을 줄일 수 있다.
    ② 야식을 먹는 습관과 질병은 관계가 없다.
    ③ 늦게 자는 사람은 야식을 먹어도 문제가 없다.
    ④ 자기 힘들 정도로 배가 고파도 아무것도 안 먹는 것이 좋다.

 증후군 syndrome

읽기 Reading

[1~6] 다음을 읽고 질문에 답해 보세요.

1. 다음 글의 내용과 같은 것을 고르세요.

   ### 제5회 건강 특강 – 여드름

   - 일시: 2023년 11월 11일(토) 오전 10시
   - 장소: 한국병원 4층 대강당
   - 참가 인원: 선착순 100명
   - 참가비: 10,000원(한국병원 직원 50% 할인)
   - 주제: 여드름의 원인과 피부 관리 방법 소개

   ① 이 특강은 이번에 처음으로 열린다.
   ② 한국병원 환자는 참가비가 5,000원이다.
   ③ 이 특강에서 여드름 관리를 받을 수 있다.
   ④ 먼저 신청한 백 명만 이 특강을 들을 수 있다.

2. 다음 글의 내용과 같은 것을 고르세요.

   직장인에게 '다시 첫 직업을 선택할 수 있다면 어떤 직업을 선택하고 싶은가?'라고 질문했다. 공무원이 1위, 변호사 등 전문직이 2위였고, 3위는 IT 개발자, 4위는 교사로 나타났다. 공무원을 선택한 이유로는 안정적으로 일할 수 있을 뿐만 아니라 시간 여유가 있기 때문이라고 대답했다. 전문직을 선택한 이유는 높은 급여를 받을 수 있기 때문이었다. 이번 조사에서는 지금까지의 조사와 다르게 교사보다 IT 개발자가 되고 싶다고 대답한 사람이 많았는데 이것은 시대 변화를 보여 주는 것이다.

   ① 많은 직장인들이 안정적으로 일할 수 있는 직업을 선호한다.
   ② 변호사 등 전문직을 선택한 이유는 시간 여유가 있기 때문이다.
   ③ 시대가 변해도 사람들이 가지고 싶어 하는 직업은 변하지 않는다.
   ④ 요즘에는 IT 개발자보다 교사가 되고 싶어 하는 사람들이 더 많다.

 여드름 acne   전문직 profession   개발자 developer   급여 salary

3. 다음을 순서대로 맞게 나열한 것을 고르세요.

> (가) 외식의 장점은 자기가 원하는 음식을 편하게 먹을 수 있다는 것이다.
> (나) 또한 식당의 음식은 양도 많아서 외식을 하면 과식을 할 수밖에 없다.
> (다) 하지만 식당에서 파는 음식들은 짜고 달거나 기름진 메뉴가 대부분이다.
> (라) 기름진 음식을 과식하다 보면 비만이 될 수 있어서 외식을 줄이는 것이 좋다.

① (가)-(나)-(라)-(다) ② (가)-(다)-(나)-(라)
③ (라)-(나)-(다)-(가) ④ (라)-(다)-(가)-(나)

4. 다음 글에서 보기 의 문장이 들어가기에 가장 알맞은 곳을 고르세요.

> 잘못된 식습관과 운동 부족 때문에 당뇨병으로 고생하는 사람들이 많다. (㉠) 또한 자주 피곤함을 느낄 뿐만 아니라 체중도 감소한다. (㉡) 당뇨병에 걸리지 않으려면 고기, 생선 같은 육류와 채소, 과일 등을 골고루 먹어야 한다. (㉢) 특히 후식으로 단 음식을 자주 먹으면 당뇨병에 쉽게 걸릴 수 있기 때문에 이런 습관은 버리는 것이 좋다. (㉣) 마지막으로 매일 가벼운 운동을 한다면 당뇨병을 예방할 수 있을 것이다.

보기 당뇨병에 걸리면 목이 자주 마르고 많이 먹어도 배가 고프다고 느낀다.

① ㉠   ② ㉡   ③ ㉢   ④ ㉣

5. 빈칸에 들어갈 말로 알맞게 연결된 것을 고르세요.

> 학생은 꼭 학교에 다녀야 한다는 주장에 대해 반대하는 의견도 많다. 집에서 공부할 때의 장점은 학생의 특성이나 수준에 맞는 교육을 할 수 있다는 것이다. (㉠) 음악에 소질이 있는 학생은 소질을 계발할 수 있는 음악 수업을 들으면 자신의 능력을 더 발전시킬 수 있다. 학교에서는 모두 같은 내용의 수업을 듣기 때문에 자신의 소질과 장점을 잘 살리기 어렵다.
> 학교 수업은 보통 중간 정도 실력을 가진 학생들에게 맞춰져 있다. 그래서 수준이 높은 학생들은 실력을 키우기가 어렵다. (㉡) 실력이 부족한 학생은 자신의 수준보다 어려운 수업을 들어서 학업에 대한 흥미가 떨어질 수 있다.

① ㉠ 또한 - ㉡ 하지만   ② ㉠ 하지만 - ㉡ 그래서
③ ㉠ 그래서 - ㉡ 예를 들면   ④ ㉠ 예를 들면 - ㉡ 또한

6. 다음 글의 주제로 가장 알맞은 것을 고르세요.

> 최근에 채식을 하는 사람들이 늘고 있다. 채식에는 여러 종류가 있지만 보통 고기를 먹지 않고 채소, 과일, 곡물 등만을 먹는 것을 채식이라고 한다. 많은 사람들이 채식을 하는 이유는 다음과 같다. 첫째 채식을 하면 건강이 좋아진다. 채식을 하다 보면 혈압이 낮아지고 당뇨병 증상이 나아질 수 있다. 다음으로 환경에 긍정적인 영향을 줄 수 있다. 고기를 생산하기 위해서 환경을 파괴하는 경우가 많기 때문이다. 이처럼 채식을 하면 건강과 환경적 측면에서 긍정적인 결과를 얻을 수 있어서 앞으로 채식을 하는 사람은 더 늘 것으로 보인다.

① 채식의 종류 ② 채식의 방법
③ 채식의 단점 ④ 채식의 장점

[7~8] 다음을 읽고 질문에 답해 보세요.

> 예전에는 성인이 되어 결혼을 하는 것, 죽은 뒤에 제사를 지내는 것 등을 중요하게 생각했다. 모두 다 중요하지만 그중 결혼은 특별한 의미를 가지기 때문에 반드시 해야 하는 것으로 생각됐다. 그런데 최근 결혼에 대한 사고방식이 변화하고 있다. 결혼을 꼭 해야 한다는 것이 일반적인 생각이었는데 이제는 결혼은 필수가 아니라고 생각하는 사람들도 많아졌다. 결혼을 하지 않고 산다는 의미의 비혼이라는 말도 자주 쓰이게 됐다. 또한 예전에는 이혼이나 재혼을 비공개적으로 하는 사람들이 많았다. 그러나 사회가 변하고 사고방식이 변화해서 다양한 생각을 받아들일 수 있는 분위기가 만들어졌다. 이제는 결혼과 관련된 개인의 선택이 존중받아야 할 때이다.

7. 이 글의 내용과 일치하지 않는 것을 고르세요.

① 예전에 결혼은 특별한 의미를 가졌다.
② 최근 비혼이라는 말이 자주 사용되고 있다.
③ 전에는 재혼한 사실을 숨기는 사람이 많았다.
④ 요즘 결혼이 필수라고 생각하는 사람이 늘었다.

곡물 grain   제사를 지내다 to perform ancestral rites   필수 a must   재혼 remarriage

8. 이 글의 중심 생각으로 가장 알맞은 것을 고르세요.

① 이혼한 것을 공개하는 것이 중요하다.
② 결혼에 대한 개인의 선택을 존중해야 한다.
③ 결혼은 사회를 유지하기 위해 꼭 필요하다.
④ 현대에도 전통적인 사고방식을 지켜야 한다.

[9~10] 다음을 읽고 질문에 답해 보세요.

> 몇 년 동안 계속 같은 일을 하다가 보면 성격뿐만 아니라 건강도 영향을 받을 수 있다. 예를 들면 사무실에 앉아서 하루 종일 컴퓨터를 하는 사람들은 안구 건조증이나, 손목을 움직일 수 없을 정도로 통증을 느끼는 손목 터널 증후군에 걸리기도 한다. 또한 소방관들은 불이 나면 바로 출동해야 하기 때문에 식사 시간이 (   ) 수밖에 없다. 그래서 위염에 자주 걸린다. 이렇게 특정한 직업을 가진 사람들이 걸리기 쉬운 병을 직업병이라고 한다. 직업병은 그 일을 하는 사람들이 공통적으로 가진 병이기 때문에 원인을 찾아내기는 쉽지만 항상 그 일을 할 수밖에 없기 때문에 예방하기는 쉽지 않다. 그래서 증상이 나타나면 심해지지 않도록 증상을 줄이기 위한 노력을 해야 한다.

9. (   )에 들어갈 내용으로 가장 알맞은 것을 고르세요.

① 괴로울
② 불규칙할
③ 실망스러울
④ 불만족스러울

10. 이 글의 제목으로 가장 알맞은 것을 고르세요.

① 성격과 직업의 관계
② 직업병의 원인과 예
③ 안구건조증의 치료 방법
④ 컴퓨터가 건강에 주는 영향

  손목 wrist   손목 터널 증후군 carpal tunnel syndrome   소방관 firefighter   출동하다 to go into action

쓰기 Writing

1. 공통으로 들어갈 말을 골라서 알맞게 써 보세요.

> 빠지다   생기다   끼치다   살리다

1) 백신이 개발된 덕분에 많은 사람들의 생명을 _____ 수 있었다.
   나는 언어에 소질이 있다는 말을 자주 들었다. 이런 소질을 _____ 번역가가 되고 싶다.

2) 대회에 나가기 위해 팔이 _____ 정도로 열심히 춤 연습을 했다.
   어제 한자 수업을 신청했는데 신청자 명단에 내 이름이 _____ 있었다. 사무실에 문의해 봐야겠다.

3) 작가의 경험은 소설을 쓰는 데에 큰 영향을 _____ 수밖에 없다.
   공사 중이니 다른 길로 가시기 바랍니다. 불편을 _____ 드려서 죄송합니다.

4) 처음에는 일이 익숙하지 않았지만 여러 번 하다 보니까 자신감이 _____.
   초콜릿을 매일 먹는데 며칠 전부터 이가 너무 아프다. 아무래도 충치가 _____ 것 같다.

2. 알맞은 말을 골라서 대화를 완성해 보세요.

> 창의적이다   비현실적이다   비전문적이다   괴롭다   만족스럽다   실망스럽다

1) 가: 민우 씨, 어제 서울대 축구팀이 한국대 팀한테 졌다면서요?
   나: 네. 당연히 이길 줄 알았는데 지고 말았어요. 기대를 많이 해서 그런지 정말 _____.

2) 가: 어디가 불편하신가요?
   나: 요즘 새벽만 되면 기침을 너무 심하게 해요. 숨을 쉬기 어려울 정도로 _____ 힘들어요.

3) 가: 와, 이 그림은 정말 _____ 것 같아.
   나: 맞아. 지금까지 이런 그림은 본 적이 없어. 사람들의 표정을 신선하고 새롭게 표현했는걸.

4) 가: 요즘 '외과 의사 김민우'라는 드라마가 인기가 있대. 주인공이 조선 시대로 가서 현대 의료 기술로 사람들을 치료해 주는 이야기래.
   나: 나도 한 번 본 적이 있는데 너무 말이 안 되는 것 같아서 별로였어. 나는 _____ 이야기를 별로 좋아하지 않거든.

백신 vaccine   명단 list

3. 주어진 말을 사용해서 대화를 완성해 보세요.

   1) 가: 크리스 씨는 한국에서 오래 살아서 그런지 한국어를 정말 잘하는 것 같아요.
      나: 맞아요. 한국 사람이라고 해도 _____ 한국어를 잘해요. (믿다)

   2) 가: 이 식당은 새우볶음밥이 맛있어요. 민우 씨도 한번 드셔 보세요.
      나: 저는 해산물 알레르기가 있어요. 새우 같은 해산물을 _____ 두드러기가 나요. (먹다)

4. 틀린 부분을 찾아서 맞게 고쳐 보세요.

   > 지나치게 짜게 먹으면 건강에 문제가 생길 수밖에 있다. ➡ 없다

   1) 회사에 취업하려다가 대학원에 진학할 거예요.

   2) 처음에는 한국어 발음이 어렵지만 계속 연습하다 보면 잘하게 되었어요.

5. 알맞은 표현을 골라서 대화를 완성해 보세요.

   > -는 셈이다   -을 수밖에 없다   -을 뿐만 아니라   -다(가) 보니까

   1) 가: 저 가수 노래를 참 잘하네요.
      나: 그렇죠? _____ 연기도 잘해요. '사랑'이라는 드라마에서 주인공 친구로 나왔는데 연기를 너무 잘해서 가수인 줄 모르는 사람도 있을 정도예요.

   2) 가: 나나 씨, 처음 한국에 왔을 때는 매운 음식을 잘 못 먹더니 이제 잘 먹네요.
      나: 네. 친구들하고 자주 _____ 매운 음식을 좋아하게 되었어요.

   3) 가: 민우 씨가 일주일 동안 500개의 단어를 외웠대요.
      나: 와, 대단해요. 하루에 단어를 70개씩 _____. 전 10개도 못 외우는데요.

6. 다음 표현을 사용해서 '과일주스의 위험성'에 대한 글을 200~300자로 쓰세요.

-은 셈이다   -을 수밖에 없다   -을 뿐만 아니라

과일주스 당류 31g 각설탕 10개 과일주스 300ml = 탄산음료 250ml 탄산음료 당류 29g 각설탕 10개 = 각설탕 10개

 각설탕 sugar cube

발음 Pronunciation

🎧 잘 들어 보세요.

1. 디자인**과**에서는 컴퓨터로 작업을 많이 한대요.
2. 약을 먹어도 머리가 깨**질 정**도로 아프고 콧물도 많이 나요.
3. 졸**업 후**에 바로 창**업하**려다가 취**직했**어요.

🎧 잘 듣고 따라 해 보세요.

1. 의예**과**에 진학해서 의사가 되고 싶어요.
2. 너무 많이 먹어서 배가 터**질 정**도예요.
3. 아이를 의자에 **앉혀**서 사진을 찍었어요.

🎧 잘 듣고 친구와 연습해 보세요.

1. 가: 서울대학교의 공**과** 대학에는 어떤 전공이 있어요?
   나: 건축학과도 있고 기계공학부도 있어요. 홈페이지를 한번 찾아보세요.

2. 가: 어떤 증상이 있으세요?
   나: 말을 할 수 없**을 정**도로 목이 따끔거리고 아파요.

3. 가: 아이의 어휘력을 키워 주고 싶은데 좋은 방법이 있을까요?
   나: 아이에게 책을 많이 **읽히**면 어휘력이 좋아져요.

4

기후와 문화 Climate & Culture

4-1 날씨와 기후
4-2 기후와 문화의 특징

	어휘	날씨, '폭-'
4-1	문법과 표현	동-는다더라고(요), 형-다더라고(요), 명이라더라고(요)
		동-는 바람에

	어휘	기후, 문화의 특징
4-2	문법과 표현	명을 비롯해(서), 명을 비롯한
		동-는 반면(에), 형-은 반면(에), 명인 반면(에)

어휘 Vocabulary

1. 알맞은 말을 골라서 대화를 완성해 보세요.

> 햇볕이 뜨겁다   일교차가 크다   쌀쌀하다
> 포근하다   날씨가 변덕스럽다   비바람이 불다

1) 가: 내일 바다에 가는데 뭘 가지고 가면 좋을까요?
   나: <u>햇볕이 뜨거울 테니까</u> 모자와 선글라스를 가져가세요.

2) 가: 이제 정말 가을 같아요. 아침저녁에는 추운 느낌이 있어서 얇은 옷을 못 입을 정도예요.
   나: 네. 아침에 집에서 나오는데 바람이 _____.

3) 가: 조금 전까지는 흐리고 비가 왔는데 지금은 구름 하나 없이 맑아요.
   나: 그러게요. 오늘 정말 _____.

4) 가: 아침에 추워서 옷을 많이 입고 왔는데 낮에는 좀 덥네요.
   나: 요즘처럼 _____ 때는 옷을 얇게 입으면 감기에 걸리기 쉬워요.

5) 가: 주말에 태풍이 지나갔는데 별일 없었어요?
   나: 태풍이 오는 줄 모르고 창문을 열어 놓고 나갔는데 _____ 집이 엉망이 됐어요.

6) 가: 요즘 겨울인데 생각보다 춥지가 않아요.
   나: 네. 1월인데도 날씨가 봄처럼 _____.

2. 알맞은 말을 골라서 밑줄 친 부분을 바꿔 보세요.

> 폭설이 쏟아지다   폭우가 내리다   (폭풍이 불다)
> 폭염이 계속되다   폭풍우가 치다

1) 바람이 심하게 불어서 도로에 나무가 쓰러졌다.
   → 폭풍이 불어서

2) 지난밤에 갑자기 눈이 많이 내려서 도로에 차가 다닐 수 없다.
   →

3) 심한 더위가 계속되어서 에어컨 판매가 늘었다.
   →

4) 갑자기 비가 많이 와서 앞이 잘 안 보인다.
   →

5) 어젯밤 비바람이 심하게 불어서 비행기가 출발하지 못했다.
   →

3. 친구와 이야기해 보세요.

- 여러분은 어떤 계절을 제일 좋아합니까? 그 계절의 날씨는 어떻습니까?
- 최근에 폭염이 계속되거나 폭설이 내린 적이 있습니까?
- 날씨가 너무 덥거나 추울 때 어떻게 합니까?

어떤 계절을 제일 좋아해요?

저는 봄을 제일 좋아해요.

고향의 봄 날씨는 어때요?

우리 나라는 봄이 되면 아침저녁에는 조금 쌀쌀하지만 낮에는 포근해요. 그리고 꽃도 많이 피어서 아주 예쁘고 향기도 좋아요.

문법과 표현 1 동-는다더라고(요), 형-다더라고(요), 명이라더라고(요)

1. 그림을 보고 대화를 완성해 보세요.

1)

가: 나나 씨가 요즘 모임에 잘 안 나오네요.
나: 요즘 창업을 <u>준비한다더라고요</u>. 그래서 바쁜가 봐요.

2)

가: 소날 씨, 안나 씨가 많이 늦네요.
나: 안나 씨는 못 온대요. 알레르기가 _____.

3)

가: 민우 씨가 시험에 합격했대요.
나: 네. 저도 들었어요.
　　민우 씨가 그러는데 우리한테 _____.

4)

가: 아야나 씨, 행사에 참가하고 싶은데 어디에서 신청하는지 알아요?
나: 닛쿤 씨한테 물어보세요.
　　닛쿤 씨는 벌써 _____.

5)

가: 부산에 1박 2일로 여행을 가려고 하는데 어디에서 묵으면 좋을지 모르겠어요.
나: 지연 씨한테 한번 물어보세요.
　　지연 씨 고향이 _____.

 묵다 to stay

2. 신문 기사를 보고 대화를 완성해 보세요.

1) **오늘의 뉴스**
아침, 저녁은 쌀쌀, 낮에는 포근해…

가: 아침이라 그런지 너무 춥네요.
나: 인터넷 기사에서 봤는데 <u>아침, 저녁에는 쌀쌀하지만 낮에는 포근하다더라고요</u>.

2) **오늘의 뉴스**
1인 가구 점점 증가, 열 가구 중 세 가구는 1인 가구

가: 요즘 혼자 사는 사람이 늘고 있대요.
나: 네. 인터넷 기사에서 봤는데 _____.

3) **오늘의 뉴스**
맵고 짜게 먹는 식습관, 위에 안 좋아…

가: 서울식당에 매운 닭갈비 먹으러 갈까요? 볶음밥도 먹고요.
나: 그 식당 음식은 너무 맵고 짜요. 인터넷 기사에서 봤는데 _____.

4) **오늘의 뉴스**
고등학생 90%, 졸업 후 대학 진학

가: 한국 사람들은 고등학교를 졸업한 후에 취업하는 학생이 많아요, 아니면 대학에 진학하는 학생이 많아요?
나: 신문 기사에서 봤는데 _____.

1인 가구 single-person household

문법과 표현 2 　동-는 바람에

1. 바르게 연결하고 대화를 완성해 보세요.

   1) 휴대폰을 잃어버리다　　　　　•　약속에 늦다
   2) 알람 시계가 고장 나다　　　　•　피해를 입다
   3) 갑자기 비가 많이 오다　　　　•　연락을 못 하다
   4) 급하게 처리할 일이 생기다　　•　늦잠을 자서 지각하다

   1) 가: 어제 전화한다고 했잖아. 왜 전화 안 했어? 계속 기다렸는데….
      나: 휴대폰을 잃어버리는 바람에 연락을 못 했어.

   2) 가: 회사에 지각했다면서? 무슨 일 있었어?
      나: _____.

   3) 가: 뉴스에서 들었는데 강남역이 물에 잠겼대요.
      나: _____.

   4) 가: 오늘은 일찍 온다고 했잖아요. 또 늦으면 어떡해요?
      나: _____.

2. 그림을 보고 대화를 완성해 보세요.

   1)

   가: 왜 집까지 걸어왔어?
   나: 지갑을 잃어버리는 바람에 집까지 걸어왔어.

   피해를 입다 to suffer damage

2)

가: 휴대폰 산 지 얼마 안 된 것 같은데 또 바꿨어요?
나: 휴대폰 화면이 _____ 새로 살 수밖에 없었어요.

3)

가: 어제 못 잤어요? 피곤해 보여요.
나: 룸메이트가 밤새 _____ 잠을 못 잤어요.

4)

가: 왜 지금 빵을 먹고 있어요? 점심 못 먹었어요?
나: 수업이 _____ 밥 먹을 시간이 없었어요.

5)

가: 기침을 하네요. 감기에 걸렸어요?
나: 네. 날씨가 갑자기 _____ 감기에 걸렸어요.

3. 그림을 보고 이야기를 연결해 보세요.

바람이 세게 부는 바람에 나무가 쓰러졌어요.

어휘 Vocabulary

1. 알맞은 말을 골라서 문장을 완성해 보세요.

> 건조하다   강수량이 많다
> 습도가 높다   더위가 심하다   사계절이 뚜렷하다

1) 여름에는 사우나 안에 있는 것처럼 ___습도가 높아서___ 빨래를 하면 잘 마르지 않는다.

2) 한국에서는 일 년 중 7~8월에 비가 집중적으로 많이 와서 다른 달보다 7~8월에 _____.

3) 한국은 _____ 편이다. 봄, 여름, 가을, 겨울의 풍경이 다 다르다.

4) 몇 달 동안 비가 오지 않아서 땅과 나무가 _____ 때문에 불이 나기 쉽다. 불이 나지 않도록 산에서 요리를 하지 말아야 한다.

5) 여름에는 습도도 높고, 기온도 아주 높다. 특히 낮에는 _____ 때문에 사람들은 낮에 외출을 하지 않고 어쩔 수 없이 외출할 때에는 양산이나 선풍기를 가지고 다닌다.

2. 알맞은 말을 골라서 글을 완성해 보세요.

> 건조하다   서늘하다   강수량이 적다
> 습도가 높다   사계절이 뚜렷하다

한국 날씨의 특징

한국은 1) ___사계절이 뚜렷해서___ 봄, 여름, 가을, 겨울 날씨의 특징이 잘 나타난다. 먼저 봄에는 날씨가 변덕스럽고 바람이 많이 분다. 일 년 중 가장 2) _____ 농사 지을 물이 부족해질 때도 있다. 여름에는 장마 기간 동안 많은 비가 내리기 때문에 3) _____ 집에 곰팡이가 생기기 쉽다. 그리고 가을에는 보통 날씨가 맑고 공기가 깨끗하다. 날씨가 덥지 않고 4) _____ 때문에 산으로 놀러 다니는 사람들도 많다. 마지막으로 겨울에는 매우 춥고 5) _____ 감기에 걸리는 사람들이 많다. 그래서 겨울에는 난방뿐만 아니라 습도 조절에도 유의해야 한다.

집중적으로 intensively   곰팡이 mold

3. 알맞은 말을 골라서 문장을 완성해 보세요.

> 독특하다   친숙하다   생소하다
> 차이가 있다   공통점이 있다

1) 한국 사람들은 김치를 자주 먹는다. 김치는 어느 식당에서나 반찬으로 나올 정도로 한국 사람들에게 __친숙한__ 음식이다.

2) 한국, 중국, 일본은 모두 다른 나라지만 밥을 먹을 때 젓가락을 사용한다는 _____.

3) 우리가 입는 옷은 그 지역 날씨의 영향을 많이 받는다. 추운 지역에 사는 사람들의 옷과 더운 지역에 사는 사람들의 옷에는 많은 _____.

4) 한국에 처음 온 외국인들이 신기하게 생각하는 것은 무엇일까? 많은 외국인들이 집에 들어갈 때 신발을 벗는 문화가 _____ 익숙하지 않다고 대답했다.

5) 깻잎은 _____ 향과 맛 때문에 외국인이 쉽게 먹기 힘든 음식이다.

4. 친구와 이야기해 보세요.

- 여러분 고향의 기후는 어떻습니까? (건조하다, 강수량이 많다…)
- 여러분 고향과 기후가 비슷한 지역은 어디입니까?
- 그 지역과 어떤 것이 비슷하고 어떤 것이 다릅니까? (공통점이 있다, 차이가 있다…)

> 제 고향 울릉도는 여름에는 습도가 높고 겨울에는 한국에서 가장 눈이 많이 오는 곳입니다. 그래서 나무 지붕 집을 자주 볼 수 있습니다. 이런 지붕은 눈이 많이 왔을 때 집을 따뜻하게 해 줍니다. 강원도 삼척과 울릉도는 기후가 비슷하다는 공통점이 있습니다. 그래서 삼척에서도 나무 지붕 집을 찾아볼 수 있습니다.

문법과 표현 3 : 명을 비롯해(서), 명을 비롯한

1. 알맞은 말을 골라서 대화를 완성해 보세요.

> 티셔츠   성격   남산   인삼   한국어   발라드

1) 가: 서울대학교 기념품점에서는 뭘 팔아요?
   나: 서울대학교 이름이 새겨진 <u>티셔츠를 비롯해서</u> 가방, 필기구 같은 다양한 상품을 팔아요.

2) 가: 남대문 시장에 가면 뭘 살 수 있어요?
   나: _____ 여러 가지 한국의 특산품을 살 수 있어요.

3) 가: 다니엘 씨는 외국어를 잘해요? 몇 가지나 할 수 있어요?
   나: _____ 영어, 일본어 등 5개 국어를 할 수 있어요.

4) 가: 케이팝 콘서트가 열린다면서요? 어떤 노래를 들을 수 있어요?
   나: _____ 댄스, 트로트 같은 다양한 노래를 들을 수 있다더라고요.

5) 가: 와, 사진을 보니까 안나 씨는 언니랑 진짜 많이 닮았네요. 자매니까 서로 비슷한 점이 많을 것 같아요.
   나: 글쎄요. 외모만 비슷하고 _____ 식습관이나 취향 등 다른 점이 더 많은 것 같아요.

6) 가: 서울에는 산이 정말 많은 것 같아요.
   나: 네. _____ 인왕산, 북한산, 관악산 등 아름다운 산이 많아요.

특산품 regional product

2. 문장을 바꿔 보세요.

1) 이번 엑스포는 한국에서 열린다. 한국뿐만 아니라 아시아, 유럽 등 여러 나라의 과학 기술품이 전시될 예정이다.
   ➡ 이번 엑스포에서는 한국을 비롯해서 다양한 나라의 과학 기술품이 전시될 예정이다.

2) 부산에서 열리는 영화제에서 한국의 봉준호 감독과 알폰소 쿠아론 등 전 세계의 유명한 감독들이 새로운 작품을 소개할 예정이다.
   ➡ _____.

3) 아동 교육 전문가들은 어린이들이 자랄 때 부모님, 친구, 선생님 등 주변 사람들의 영향을 받으면서 관계 맺는 방법을 연습한다고 말한다.
   ➡ _____.

4) 다른 나라를 여행하다 보면 음식 문화, 사람들의 옷차림, 건축 양식 등 다양한 문화 차이를 발견할 수 있다.
   ➡ _____.

3. 친구에게 소개해 보세요.

| 아름다운 관광지 | 편리한 가전제품 | 인기 있는 가수 |

맛있는 음식   유명한 사람

제 고향은 속초입니다. 속초에는 설악산을 비롯해서 아름다운 관광지가 많습니다. 속초에서는 설악산뿐만 아니라 동해 바다도 볼 수 있으니까 시간이 있을 때 한번 속초에 오시면 좋을 것 같습니다.

기술품 tech product

문법과 표현 4 | 동-는 반면(에), 형-은 반면(에), 명인 반면(에)

1. 그림을 보고 문장을 완성해 보세요.

1)

이 노트북은 <u>가격이 저렴한 반면에 무겁다</u>.
(가격이 저렴하다, 무겁다)

2)

이 의자는 _____.
(디자인이 예쁘다, 불편하다)

3)

이 자동차는 _____.
(멋있다, 사람이 많이 탈 수 없다)

4)

이 식당은 _____.
(분위기가 좋다, 음식값이 비싸다)

5)

내 친구는 _____.
(쓰기는 잘하다, 말하기는 못하다)

6)

내 동생은 _____.
(고기는 잘 먹다, 채소는 안 먹다)

2. 문장을 완성해 보세요.

1) 나는 머리가 <u>긴 반면에</u> 언니는 머리가 짧다.

2) 극장은 평일에는 _____ 주말에는 사람이 많다.

3) 한국 음식은 _____ 일본 음식은 맵지 않다는 차이가 있다.

4) 영수는 춤을 _____ 지수는 노래를 잘한다.

5) 축구는 발로 _____ 배구는 손으로 경기를 한다는 것이 차이점이다.

3. 친구와 이야기해 보세요.

우리 집   내가 자주 가는 가게   내가 자주 쓰는 물건   한국 음식

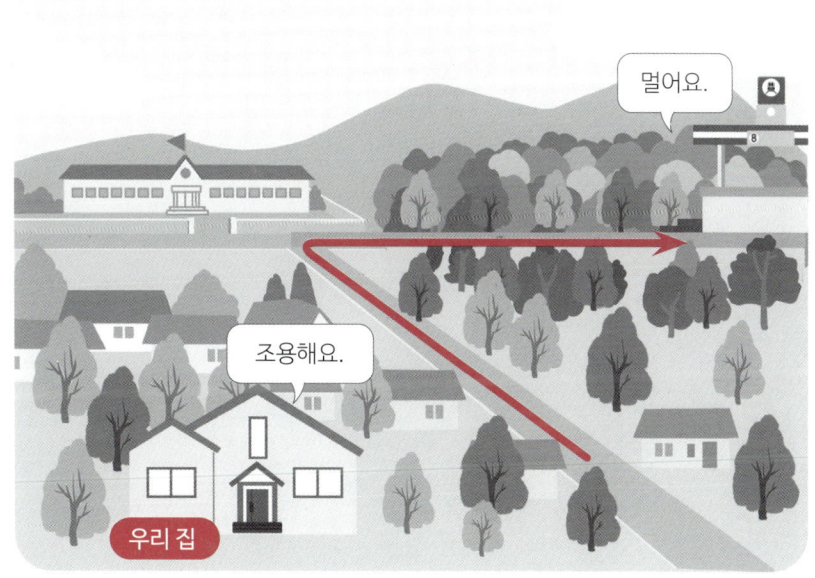

우리 집은 지하철역에서 먼 반면에 주변이 조용해서 좋습니다.

우리 집은 교통이 불편한 반면에 공기가 좋아서….

5

여행의 즐거움 Delight of Travel

5-1 아름다운 풍경
5-2 여행의 기쁨

5-1	어휘	자연 현상, 풍경 묘사
	문법과 표현	명이면 명 명이면 명
		어찌나 동-는지, 어찌나 형-은지, 어찌나 명인지
5-2	어휘	기분 ①, '-없이'
	문법과 표현	동-는 듯하다, 형-은 듯하다, 명인 듯하다
		동형-으며, 명이며

어휘 Vocabulary

1. 알맞은 말을 골라서 대화를 완성해 보세요.

> 눈꽃이 피다   단풍잎이 떨어지다
> 달이 뜨다   해가 지다   햇빛이 비치다

1)

   가: 어제 눈이 와서 나무가 하얗게 변했어요.
   나: 올해는 눈이 많이 와서 나무에 눈꽃이 핀 걸 자주 볼 수 있어요.

2)

   가: 12월 31일에 _____ 것 보러 갈래? 통영의 달아공원 일몰이 유명하대.
   나: 그래. 일몰을 보면서 한 해를 정리하는 것도 좋을 것 같아.

3)

   가: 오늘은 정월대보름인데 사람들이 달을 보면서 소원을 비는 풍습이 있어요.
   나: 그래요? 오늘 몇 시쯤 _____? 저도 소원을 빌어야겠어요.

4)

   가: 이 식물을 잘 키워 보려고 물도 열심히 주고 창가에 두었는데 시들었어요. 이유가 뭔지 모르겠어요.
   나: 자리를 옮겨 보세요. 아이비는 _____ 곳보다는 그늘에서 더 잘 자라요.

5)

   가: 가을에는 등산하는 사람들이 더 많아지는 것 같아요.
   나: 가을 산이 더 예뻐서 그렇지 않을까요? 단풍이 든 산도 보고, _____ 산길을 걸으면 기분이 참 좋아지잖아요.

일몰 sunset   시들다 to wilt   그늘 shade

2. 알맞은 말을 골라서 문장을 완성해 보세요.

물들다　날리다　가득하다　펼쳐지다　반짝거리다　둘러싸이다

1) 해가 질 때 하늘이 빨갛게 물들어요 .

2) 바람이 불어서 벚꽃잎이 바람에 _____.

3) 강 위에 햇빛이 비쳐서 강물이 _____.

4) 넓게 _____ 초원 위에서 양들이 풀을 먹고 있네요.

5) 그 마을은 산으로 _____ 있어서 경치가 아주 좋아요.

6) 공기가 깨끗하고 불빛이 없는 시골에 오니까 별을 많이 볼 수 있네요.
밤하늘이 별로 _____.

문법과 표현 ❶ 명이면 명 명이면 명

1. 그림을 보고 대화를 완성해 보세요.

1)

가: 이번 방학에는 산에도 가고 싶고 바다에도 가고 싶어요.
나: 그럼 제주도에 가 보세요.
　　제주도는 <u>　산이면 산 바다면 바다　</u>, 모두 아름다워요.

2)

가: 수아 씨는 친구들한테 인기가 많은 것 같아요.
나: 수아 씨는 _____,
　　못 하는 게 없어서 친구들이 좋아해요.

3)

가: 배고픈데 근처에 갈 만한 식당이 있을까?
나: 학교 근처에 맛집이 하나 있어.
　　_____, 모두 만족할 거야.

4)

가: 지금 다니는 회사는 어때요?
나: 정말 좋아요. _____,
　　다 마음에 들어요.

5)

가: 한국에서 혼자 살아 보니 어때요?
나: _____,
　　어느 것 하나 쉬운 게 없어요.

2. 주어진 표현을 사용해서 대화를 완성해 보세요.

1) 가: 그 가수는 요즘 왜 이렇게 인기가 많아요?
   나: 요즘 영화도 찍었는데 못 하는 게 없어요. 연기면 연기 노래면 노래, 모두 다 최고예요. (연기, 노래)

2) 가: 그 회사가 요즘 들어가고 싶은 회사 1위라면서요?
   나: 네. _____, 모든 조건이 좋다더라고요. (월급, 복지)

3) 가: 우와, 저 카페에 사람이 왜 저렇게 많아?
   나: 너 안 가 봤어? 저 카페는 _____, 다 좋아서 요즘 인기야. (분위기, 커피 맛)

4) 가: 휴대폰을 바꾸고 싶은데 뭐가 좋을까요?
   나: 제가 쓰고 있는 이 휴대폰은 어때요?
   _____, 전부 만족하고 있어요. (기능, 디자인)

3. 친구와 이야기해 보세요.

- 여러분이 자주 가는 식당/카페의 좋은 점에 대해 이야기해 보세요. (분위기, 음식 맛, 가격, 서비스…)
- 좋아하는 사람의 장점에 대해 소개해 보세요. (성격, 외모, 유머 감각…)
- 지금 살고 있는 집에 대해 소개해 보세요. (위치, 가격, 크기, 시설…)

자주 가는 식당이 있어요? 왜 그 식당에 자주 가요?

저는 서울식당에 자주 가요. 음식 맛이면 음식 맛 가격이면 가격, 다 만족스럽거든요.

문법과 표현 2
어찌나 동-는지, 어찌나 형-은지, 어찌나 명인지

1. 바르게 연결하고 대화를 완성해 보세요.

   1) 월세가 비싸다 • • 모르는 사람이 없을 정도이다
   2) 옆집이 시끄럽다 • • 집 구하기가 힘들 정도이다
   3) 인기가 많다 • • 몇 번 더 보고 싶을 정도이다
   4) 그 영화가 재미있다 • • 잠을 자기가 어려울 정도이다
   5) 배가 아프다 • • 일어나지 못할 정도이다

   1) 가: 이사한다더니 집은 찾았어요?
      나: 월세가 어찌나 비싼지 집 구하기가 힘들 정도예요.

   2) 가: 민수 씨 집은 살기가 어때요?
      나: _____.

   3) 가: 이 사람 누구예요? 유명해요?
      나: 이 사람 몰라요? _____.

   4) 가: 주말에 본 영화 어땠어요?
      나: _____.

   5) 가: 어제 학교에 왜 안 왔어요?
      나: _____. 그래서 못 왔어요.

2. 대화를 완성해 보세요.

1) 가: 어제 비가 정말 많이 온 것 같아요.
   나: 네. <u>어찌나 비가 많이 오는지</u> 밖에 나갈 수가 없었어요.

2) 가: 한국 사람들은 커피를 정말 좋아하는 것 같아요.
   나: 네. 저도 _____ 하루에 세 잔 이상 마셔요.

3) 가: 민우 씨는 항상 열심히 공부하는 것 같아요.
   나: 맞아요. _____ 옆에서 불러도 못 들을 정도예요.

4) 가: 이것 좀 더 드세요.
   나: 아니요. _____ 숨 쉬기도 힘들어요.

5) 가: 이것 좀 보세요. 안나 씨가 직접 만든 가방이래요. 잘 만들었죠?
   나: 정말요? _____ 당장 가게에서 팔아도 될 정도예요.

6) 가: 이거 누구 노래예요? 요즘 여기저기서 자주 들리네요.
   나: 신인 가수의 노래예요. 저도 _____ 노래를 다 외울 정도예요.

3. 친구와 이야기해 보세요.

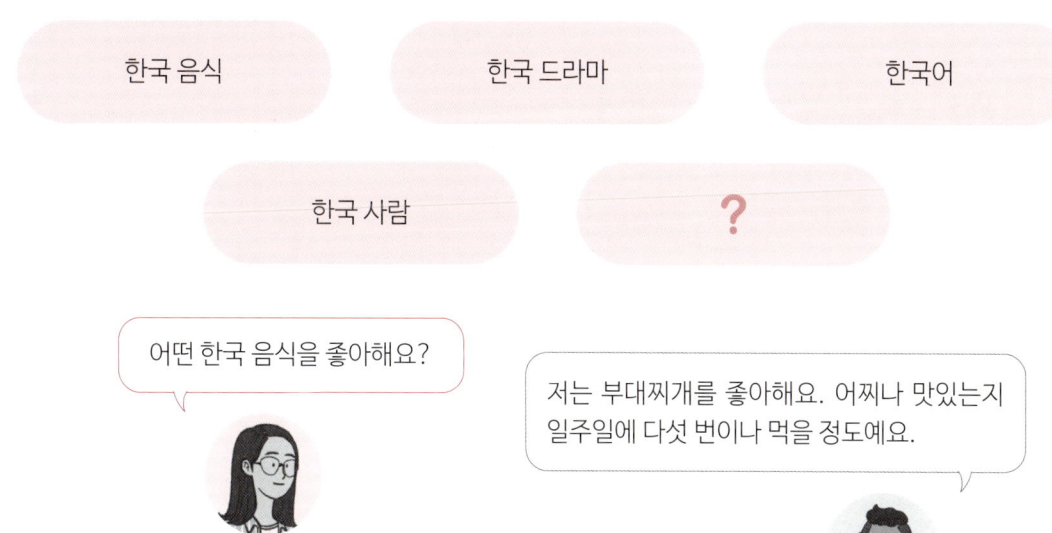

한국 음식   한국 드라마   한국어   한국 사람   ?

어떤 한국 음식을 좋아해요?

저는 부대찌개를 좋아해요. 어찌나 맛있는지 일주일에 다섯 번이나 먹을 정도예요.

어휘 Vocabulary

1. 어울리는 표현을 찾아서 연결해 보세요.

1) 고민이 있어서 잠도 잘 못 자고 불안했는데 조용한 공원을 산책했더니 마음이 좀 편안해지고 안정이 되었어요. • • 마음이 들뜨다

2) 내일부터 제주도로 여행을 가요. 오랜만에 가는 여행이라서 너무 떨리고 기대돼요. • • 기분이 상쾌하다

3) 항상 고향에 갈 때 버스를 타고 갔는데 이번에는 기차를 타고 가 봤어요. 평소와 다른 기분을 느낄 수 있어서 좋았어요. • • 마음이 우울해지다

4) 산에 올라가는 동안 힘들고 땀이 많이 났어요. 산꼭대기에 올라가니 바람이 불어서 시원하고 힘든 것이 다 사라졌어요. • • 기분이 색다르다

5) 어제, 오늘 계속 안 좋은 일이 생겼는데 비도 오니까 기분이 안 좋고 아무것도 하기 싫어요. • • 마음이 차분해지다

6) 어제 하루 종일 만든 케이크를 친구에게 선물했는데 친구가 케이크는 사 먹는 게 더 맛있다고 말했어요. • • 기분이 상하다

2. 알맞은 말을 골라서 써 보세요.

끝없이   수없이   말없이   정신없이   쓸데없이

1) 끝없이 펼쳐진 꽃밭
2) _____ 많이 산 물건
3) _____ 바쁜 일상
4) _____ 바라본 경치
5) _____ 많은 물고기
6) _____ 이어진 길

3. 경치를 묘사하고 어떤 기분을 느낄 수 있을지 이야기해 보세요.

끝없이 펼쳐진 밤하늘에 수없이 많은 별이 있어요. 좋아하는 사람과 같이 별을 볼 수 있는 기회가 생긴다면 너무 기대되고 마음이 들뜰 것 같아요.

문법과 표현 3 동-는 듯하다, 형-은 듯하다, 명인 듯하다

1. 그림을 보고 문장을 완성해 보세요.

1)
크리스 씨 배에서 자꾸 소리가 나는 걸 보니 <u>배가 고픈 듯하다</u>.

2)
소날 씨의 얼굴을 보니 _____.

3)
하이 씨가 오늘도 야근을 하는 걸 보니 요즘 _____.

4)
닛쿤 씨가 기침을 하는 것을 보니 _____.

5)
윗집에서 나는 소리를 들으니 지금 _____.

6)
나나 씨가 고기를 안 먹는 것을 보니 _____.

2. 알맞은 말을 골라서 글을 완성해 보세요.

돌아가다   끝이 없다   시간을 보내다   마음에 안 들다

지난주에 고향에서 온 친구들과 서울을 여행했다. 서울에 내가 모르는 곳은 없다고 생각했는데 그 생각은 완전히 착각이었다. 최근 젊은 사람들에게 인기가 있는 장소 중의 하나인 을지로에 갔는데 그곳에 있으니 내가 1970년대로 1) <u>돌아간 듯한</u> 느낌이 들었다. 여기저기 흥미롭게 구경을 하다가 좁은 골목에 있는 유명한 카페를 겨우 찾아 들어갔는데 그 카페는 간판도 없었다. 그곳에서 사람들은 책을 읽거나 이야기를 하면서 여유로운 2) _____ . 점심을 먹으려고 유명한 식당에 갔는데 그 식당은 좀 실망이었다. 음식을 직접 먹어 보니 맛은 평범하고 가격만 비쌌다. 같이 간 친구들이 식당에 대해 불평하는 것을 보니 친구들도 식당이 3) _____ . 그래서 다음에는 다른 식당을 가기로 했다. 그래도 여기저기 다녀 보니 서울의 매력은 4) _____ .

3. 대화를 완성해 보세요.

- 오늘 수업 끝나고 뭐해?
- 다음 주 시험이라서 1) <u>도서관에 갈</u> 듯.
- 몇 시까지 도서관에 있을 건데?
- 2) _____ 듯.
- 그럼 5시까지 도서관으로 갈게. 같이 저녁 먹자.
- 3) _____ 듯.
- 왜 못 먹어?
- 부모님이 오늘 집에 오셔서 일찍 4) _____ 듯.
- 알았어. 그럼 다음에 보자.
- 미안, 다음에 봐! ㅠㅠ

문법과 표현 4 동형-으며, 명이며

1. 주어진 표현을 사용해서 대화를 완성해 보세요.

1) 앵커: 이유진 기자, 내일 날씨 전해 주시죠.
   기자: 내일은 <u>바람이 많이 불며 기온도 오늘보다 낮겠습니다</u>.
   (바람이 많이 불다, 기온도 오늘보다 낮다)

2) 리포터: 시장님, 광양이 어떤 곳인지 시청자 여러분께 소개해 주시겠어요?
   시장: 광양은 _____ 곳입니다.
   (일출과 일몰을 볼 수 있다, 체험할 것이 많다)

3) 기자: 사장님께서 회사에 필요하다고 생각하는 사람은 어떤 사람입니까?
   사장: 저희 회사에서는 _____ 인재를 찾고 있습니다.
   (창의적이다, 적극적으로 일을 하다)

4) 기자: 안구 건조증의 증상은 어떤 것이 있습니까?
   의사: 대표적인 증상은 _____ 것입니다.
   (눈이 건조하다, 자주 충혈되다)

5) 진행자: 김지혜 리포터, 오늘은 벚꽃 축제 현장을 소개해 주신다면서요?
   리포터: 네. 화면으로 함께 보시죠. 줄지어 서 있는 나무들. _____.
   (나무마다 꽃이 활짝 피어 있다, 꽃잎이 바람에 날리다)

2. 그림을 보고 문장을 완성해 보세요.

1)

   명절에 하는 일
   명절에는 가족들이 모여서 <u>음식을 먹으며 이야기를 나눈다</u>.

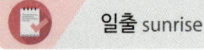
일출 sunrise

2)

박물관에서 하는 일

박물관에서 음성 안내기를 빌렸다. _____

_____ 더 재미있었다.

3)

여행에서 한 일

친구와 시티 투어 버스를 탔다.

_____ .

4)

남산에서 한 일

남자 친구와 벚꽃을 구경하러 남산에 갔다.

_____ .

5)

친구의 선물

친구가 내 생일에 특별한 선물을 해 줬다. _____

정말 행복했다.

3. 친구와 이야기해 보세요.

| 우리 고향의 관광지 | 질병과 증상 | 우리 고향의 기후와 날씨 | 자신의 장점과 단점 |

> 우리 고향에는 야경이 아름다운 곳이 있습니다. 바로 암파와라는 곳입니다. 이곳에는 수상 시장이 있어서 여러 가지를 구경하며 맛있는 음식을 먹을 수 있습니다. 우리 고향 사람들뿐만 아니라 다른 지역 사람들도 많이 가며 외국인들도 많이 찾는 곳입니다.

6 공연과 축제 Performances & Festivals

6-1 함께 즐기는 축제
6-2 감상과 평가

6-1	어휘	축제, '-거리'
	문법과 표현	동형-던데(요), 명이던데(요)
		동-는다고 보다, 형-다고 보다, 명이라고 보다

6-2	어휘	감상, 평가
	문법과 표현	여간 동-는 것이 아니다, 여간 형-은 것이 아니다
		여간 명인 것이 아니다, 여간 동형-지 않다
		명이야말로

어휘 Vocabulary

1. 알맞은 말을 골라서 인터뷰를 완성해 보세요.

| 볼거리 | 먹을거리 | (행사에 참여하다) | 참가비를 내다 |

리포터: 저는 지금 남서울 시장에 나와 있습니다. 이곳에서는 공유 마켓이라는 특별한 행사가 열리고 있는데요. 시민 한 분을 모시고 인터뷰를 해 보도록 하겠습니다. 안녕하세요?

참가자: 안녕하세요?

리포터: 평소에도 이 시장에 자주 다니셨나요?

참가자: 아니요. 이 근처에 살기는 하지만 시장에 온 건 몇 번 안 되는 것 같아요.

리포터: 그럼 어떻게 1) __행사에 참여하게 되셨어요__?

참가자: 지나가다가 우연히 광고를 보고 행사가 열린다는 것을 알게 되었습니다. 마침 시간이 있어서 한번 와 봤습니다.

리포터: 그러시군요. 와 보니까 어떠셨어요?

참가자: 저는 그동안 시장 하면 떡볶이, 파전 같은 2) _____ 만 떠올렸었는데요. 다양한 음식뿐만 아니라 구경거리도 많고 좋은 것 같아요.

리포터: 어떤 3) _____ 가 인상에 남으셨나요?

참가자: 저쪽에 가면 가수들이 노래를 하는데요. 정말 신이 나더라고요. 또 이쪽으로 가면 게임도 할 수 있는데요. 게임에서 이기면 시장에서 쓸 수 있는 상품권도 줘요.

리포터: 아, 게임도 할 수 있군요? 혹시 게임을 할 때 4) _____ 하나요?

참가자: 아뇨. 무료로 참가할 수 있는데요. 저는 '꽝'이 나왔어요.

리포터: 아쉽네요. 바쁘신데 말씀 나눠 주셔서 감사합니다.

 공유 sharing   마침 just so happened to be   인상에 남다 to be impressive   상품권 gift certificate

2. 어울리는 표현을 찾아서 연결해 보세요.

1) 며칠 동안 시험 공부하느라 바빴어요. 집안일을 하나도 못했더니 집이 엉망이에요. 빨래도 못 하고 설거지도 못 했어요. 청소도 해야 돼요.

• 　　　　　　　　• 이야깃거리가 많다

2) 집주인이 갑자기 월세를 올려 달래요. 이번에 등록금을 내느라고 아르바이트해서 모은 돈을 다 썼는데 큰일이에요. 어떻게 해야 할지 모르겠어요.

• 　　　　　　　　• 일거리가 쌓이다

3) 동생이랑 저는 외모는 비슷하지만 취향이 정말 달라요. 같이 쇼핑하러 가면 동생은 그릇이나 꽃병 같은 것을 구경하고 저는 전자제품이나 게임기를 구경하려고 해서 서로 싸울 때가 많아요.

• 　　　　　　　　• 걱정거리가 생기다

4) 나나 씨랑 저는 서로 통하는 게 많아요. 우리는 만나기만 하면 시간 가는 줄 모르고 영화나 사건, 소문 등 여러 주제로 이야기를 해요.

• 　　　　　　　　• 관심거리가 다르다

취향 preference

문법과 표현 1 동형-던데(요), 명이던데(요)

1. 바르게 연결하고 대화를 완성해 보세요.

   1) 나나가 꽃을 좋아하다 • • 등산 일정을 바꾸는 게 어때요?
   2) 학교 근처에 외국인들에게 인기가 많은 식당이 있다 • • 꽃을 선물해 봐.
   3) 주말에는 산에 사람들이 너무 많아서 복잡하다 • • 거기에 가 보는 게 어떨까요?
   4) 수영을 해 보니까 효과가 좋다 • • 수영을 배워 봐.

   1) 가: 나나의 생일파티에 가려고 하는데 무슨 선물을 사야 할까?
      나: 나나가 꽃을 좋아하던데 꽃을 선물해 봐.

   2) 가: 서울에 온 고향 친구와 밥을 먹으려고 하는데 어디에 가야 할지 모르겠어요.
      나: _____?

   3) 가: 주말에 등산을 가려고 하는데 같이 갈래요?
      나: _____?

   4) 가: 운동을 해 보려고 하는데 어떤 운동을 하는 게 건강에 도움이 될까?
      나: _____.

2. 대화를 완성해 보세요.

   1) 가: 이번에 듣기 시험을 또 망쳤어. 듣기가 너무 어려운데 어떻게 하면 좋을까?
      나: 나는 한국 드라마를 자주 봤어. 드라마를 보면 듣기 실력을 키우는 데에 도움이 되던데 너도 그렇게 해 보는 게 어때?

2) 가: 오늘 드디어 시험 끝이다. 맛있는 거 먹으러 갈까?
   나: 지난주에 학교 근처에 새로 생긴 식당에 갔거든. 거기 음식이 _____ 거기 가 볼까?

3) 가: 우리 영화 보러 가기로 했잖아. 표를 예매하면 좋을 것 같은데 무슨 영화를 볼까?
   나: 이 영화 어때? 요즘 사람들에게 _____ 이걸 보면 좋겠어.

4) 가: 테오 씨는 왜 안 와요? 집에서 같이 안 나왔어요? 토의 시험 준비하려면 오늘 꼭 와야 하는데.
   나: 테오 씨가 어제부터 아파서 밤에 _____ 오늘은 일단 우리끼리 토의 연습을 시작하는 게 좋겠어요.

5) 가: 케이팝 콘서트 표가 생겼는데 오늘 저녁에 같이 보러 갈래요? 표가 한 장 남으니까 친구를 한 명 더 데리고 와도 돼요.
   나: 좋아요. 유진 씨에게 물어볼게요. 그런데 휴가 중이라서 오늘 회사에 _____ 같이 갈 수 있을지 모르겠어요. 메시지를 보내 볼게요.

3. 그림을 보고 대화를 완성해 보세요.

빵 만들기 특강

- 특강 일시: 11/20(수), 오후 3시
- 참가 인원: 선착순 10명 모집
- 신청 방법: 아래 이메일로 신청
  bbang@make.com
- 참가비: 1인당 3만 원
- 참가자가 만든 빵 가져갈 수 있음
* 빵과 과자 무료 시식 가능
* 전국의 유명 빵집 빵 판매

가: 어제 학교 게시판에서 광고를 봤는데 코엑스에서 '서울국제빵과자페스티벌'을 한대. 우리 한번 가 볼까?
나: 그래? 거기에 가면 그냥 빵이나 몇 개 먹어 보는 거 아냐?
가: 아냐. 빵이랑 과자를 무료로 시식할 수 있고, 전국의 유명한 빵도 살 수 있대. 그리고 1) <u>빵 만들기 특강도 한다던데</u>?
나: 신청 방법이 복잡한 거 아냐?
가: 2) _____? 그리고 참가비는 3만 원이래.
나: 너무 비싼 거 아냐?
가: 아냐. 3) _____ 그 정도면 괜찮은 것 같아.
나: 좀 더 생각해 보고 신청하자.
가: 아냐. 4) _____ 빨리 신청해야 할 것 같아.
나: 그럼 한번 신청해 볼까?

문법과 표현 2 동-는다고 보다, 형-다고 보다, 명이라고 보다

1. **주어진 표현을 사용해서 대화를 완성해 보세요.**

   1) 가: 요즘 대학생들은 취직할 때 월급이 많으면 적성은 고려하지 않는다고 해요.
      나: 저는 돈보다 자신의 적성에 맞는 일을 하는 것이 <u>중요하다고 봐요</u>. (중요하다)

   2) 가: 아무리 좋아하더라도 그렇게 비싼 콘서트 표를 사는 건 이해가 안 돼요.
      나: 저는 정말 좋아하면 _____. (그럴 수도 있다)

   3) 가: 음식물 쓰레기양이 적으니까 일반쓰레기 봉투에 버려도 될 것 같아요.
      나: 네? 저는 절대로 _____. (그렇게 하면 안 되다)

   4) 가: 식사하는 동안 아이에게 동영상을 보여 줘도 괜찮겠죠?
      나: 저는 자꾸 동영상을 보여 주면 아이에게 _____. (나쁜 영향을 주다)

   5) 가: 전 밥을 못 먹었을 때나 피곤할 때는 건강식품을 꼭 챙겨 먹어요.
      나: 건강식품을 먹는 것보다는 _____. (밥을 잘 챙겨 먹는 게 낫다)

   6) 가: 너무 힘든데 포기하고 고향에 돌아갈까 해요.
      나: 무슨 소리예요? 지금까지 얼마나 열심히 노력했는데 그건 정말 _____. (아니다)

2. **대화를 완성해 보세요.**

   1) 가: 이번 시험에 꼭 합격해야 하는데…. 떨어질까 봐 걱정이에요.
      나: 열심히 노력했으니까 <u>합격할 수 있다고 봐요</u> _____.

   2) 가: 신발을 사야 하는데 인터넷으로 사도 될까요?
      나: 인터넷으로 사면 신발이 잘 안 맞을 수도 있으니까 _____.

3) 가: 이사를 해야 하는데 학교 기숙사로 갈지 원룸을 얻을지 고민이에요.
   나: 기숙사는 학교 안에 있고 기숙사비도 저렴하잖아요. 원룸보다 _____.

4) 가: 이번에 처음 해외여행을 가는데 뭐가 꼭 필요한지 잘 모르겠어요.
   나: 다른 건 몰라도 휴대폰 충전기는 반드시 _____.

5) 가: 축제에서 가장 신경을 써야 하는 것은 뭐예요? 홍보가 제일 중요할까요?
   나: 사람들이 많이 오기 때문에 안전이 제일 _____.

6) 가: 지금 사는 집에서 강아지를 키워도 될까요?
   나: 강아지만 혼자 집에 있으면 외롭기도 하고 짖을 수도 있으니까 _____.

3. 친구와 이야기해 보세요.

- 길을 걸어가면서 음식을 먹는 것
- 학교에서 시험을 보는 것
- 어린 나이에 성형 수술을 받는 것
- 어렸을 때 외국어를 공부하는 것
- ?

 길을 걸어가면서 음식을 먹는 것에 대해서 어떻게 생각해요?

 저는 길에서 음식을 먹으면 안 된다고 봐요. 왜냐하면 길거리는 사람들이 많이 모이는 곳인데 냄새도 나고 쓰레기 문제도 있기 때문이에요.

 충전기 charger

어휘 Vocabulary

1. 알맞은 말을 골라서 대화를 완성해 보세요.

> 감동적이다　　　수준이 높다　　　(기대만 못하다)　　　연기가 형편없다
> 내용이 뻔하다　　　연출이 뛰어나다　　　내용이 신선하다

1) 가: 우리 저 식당에 갈까요? 한 시간씩 줄을 서서 먹을 정도로 맛있대요.
   나: 지난번에 가서 먹어 봤는데 <u>기대만 못했어요</u>. 제가 더 맛있는 데로 안내할게요.

2) 가: 다섯 살짜리 조카에게 선물할 책을 고르고 있는데, 이 책 어떨까요?
   나: 그림도 적고 어린아이가 보기에는 너무 _____ 것 같아요. 좀 더 이해하기 쉬운 책이 좋겠어요.

3) 가: 지금 드라마에 나오는 남자 배우는 국어책을 읽는 것처럼 말을 하네요. 지난번 드라마에서는 연기를 잘하더니 이상해요.
   나: 그렇죠? 남자 배우의 _____ 도저히 못 보겠어요.

4) 가: 왜 울고 있어요? 무슨 일 있어요?
   나: 아니에요. 소설을 읽고 있었는데 눈물이 날 정도로 _____.

5) 가: 영화 '기린'을 볼까요? 요즘 인기가 많다더라고요.
   나: 글쎄요. 그 영화는 평범한 여자가 돈 많은 남자랑 사랑에 빠지는 이야기라던데요. 전 _____ 영화는 별로예요.

도저히 cannot possibly

2. 어울리는 표현을 찾아서 연결해 보세요.

1) 행사 성공 요인은 SNS, 홈페이지 광고임 • • 좋은 반응을 얻다

2) 심사위원과 관객 평가, 5점 만점 중 5점! • • 시도해 본 것에 의미가 있다

3) 비용 부족과 궂은 날씨 때문에 실패 • • 목표를 이루다

4) 실패했지만 이번 일로 배운 게 있어 좋은 경험이 돼… • • 홍보가 잘되다

5) 100만 개 판매 목표, 목표 이상으로 팔려… • • 한계가 있다

3. 인기가 있는 드라마나 영화에 대해 이야기해 보세요.

- 드라마 제목은 무엇입니까?
- 누가 출연했습니까? 출연자의 연기는 어땠습니까?
- 결말이 예상한 것과 같았습니까?
- 배우들의 의상이나 소품은 어땠습니까?
- 사람들에게 어떤 평가를 받았습니까?

제가 최근에 본 영화는 '해와 달'이라는 사극이었어요. 인기 배우 김수호와 가수 이미린이 출연해서 화제가 되었어요. 김수호의 연기는 뛰어난 편이었지만 이미린은 가수라서 그런지 연기가 형편없었어요. 평범한 여자가 왕자를 만나서 사랑에 빠지는 이야기인데 결말이 뻔했지만 의상이나 소품의 수준이 높아서 볼 만했어요. 배우들의 연기는 부족했지만 의상이나 소품을 보는 재미가 있었다는 평가를 받았어요.

요인 key factor   심사위원 judge   만점 perfect score   (날씨가) 궂다 (weather) to be bad   결말 ending   소품 prop

문법과 표현 ④ 명이야말로

1. 그림을 보고 문장을 완성해 보세요.

1)

멜로 영화, 공포 영화 등 다양한 장르의 영화가 있지만 <u>코미디 영화야말로</u> 내가 가장 좋아하는 장르의 영화다.

2)

역사책, 과학책 등 여러 종류의 책이 있지만 _____ 내가 가장 자주 읽는 것이다.

3)

축구, 야구 등 친구들과 재미있게 할 수 있는 운동 경기가 많지만 _____ 누구든지 쉽게 즐길 수 있는 운동이다.

4)

봄, 여름, 가을, 겨울 중에서 _____ 바다에서 수영하기에 제일 좋은 계절이다.

5)

일 년 중에는 명절, 시험 등 특별한 날이 있지만 _____ 가장 기다려지는 날이다.

2. 알맞은 말을 골라서 대화를 완성해 보세요.

1) 가: 살면서 무엇이 가장 중요하다고 생각합니까?
   나: 돈이나 명예도 중요하지만 <u>건강이야말로</u> 살면서 없어서는 안 될 중요한 것이라고 생각합니다.
   (⊙건강 / 가족 / 사랑)

2) 가: 감독님, 이번 영화에서 가장 신경을 쓰신 부분이 어디입니까?
   나: 다른 부분도 중요하다고 생각하지만 영화의 배경이 된 _____ 가장 신경을 쓴 부분입니다.
   (연출 / 연기 / 장소)

3) 가: 선생님, 여름에는 다른 계절보다 땀을 많이 흘리는데 어떤 과일을 먹으면 건강에 좋을까요?
   나: 건강에 좋은 여러 과일이 있지만 _____ 수분이 많은 과일이라서 여름에 드시면 좋습니다.
   (수박 / 바나나 / 두리안)

4) 가: 사업을 할 때 가장 중요한 것은 무엇일까요?
   나: 여러 가지가 있겠지만 다른 사람의 신뢰를 얻기 위해 _____ 가장 중요한
   (공감 능력 / 약속을 지키는 것 / 창의력)
   것이라고 봅니다.

5) 가: 고기를 잘 안 먹는 사람에게는 어떤 음식을 추천하십니까?
   나: _____ 소화도 잘되고 단백질이 풍부해서 고기를 안 먹는 사람에게 좋은
   (브로콜리 / 두부 / 아보카도)
   음식이라고 생각합니다.

3. 친구와 이야기해 보세요.

공연 관람	음식 선택	축제 참가
• 어떤 공연을 봤습니까? • 그중에서 어떤 공연이 인상에 남습니까?	• 여러분 나라에서 많이 먹는 음식은 무엇입니까? • 그중에서 여러분 나라를 대표하는 음식은 무엇입니까?	• 여러분 나라에는 어떤 축제가 있습니까? • 그중에서 어떤 축제가 다른 나라에 많이 알려져 있습니까?

직장/아르바이트 선택	스트레스 푸는 방법	
• 직장을 선택할 때 무엇을 고려해야 합니까? • 그중에서 제일 중요한 것은 무엇입니까?	• 스트레스를 받을 때 무엇을 하면 좋습니까? (운동, 잠, 음식…) • 그중에서 스트레스를 풀 수 있는 가장 좋은 방법은 무엇입니까?	지금까지 많은 공연을 봤지만 가수 김빈의 공연이 가장 기억에 남고 좋았습니다. 노래도 좋았지만 무대가 너무 멋있어서 김빈이 더욱 멋져 보였습니다. 김빈의 공연이야말로 지금까지 본 공연 중에서 최고의 공연이었습니다.

복습 2

말하기 Speaking

1. 어휘의 의미를 설명해 보세요.

4단원

쌀쌀하다 ☐	비바람이 불다 ☐	폭설이 쏟아지다 ☐	폭풍이 불다 ☐
포근하다 ☐	일교차가 크다 ☐	폭우가 내리다 ☐	폭풍우가 치다 ☐
날씨가 변덕스럽다 ☐	햇볕이 뜨겁다 ☐	폭염이 계속되다 ☐	

건조하다 ☐	서늘하다 ☐	독특하다 ☐	차이가 있다 ☐
강수량이 많다/적다 ☐	더위가/추위가 심하다 ☐	생소하다 ☐	공통점이 있다 ☐
습도가 높다 ☐	사계절이 뚜렷하다 ☐	친숙하다 ☐	

5단원

눈꽃이 피다 ☐	노랗게/빨갛게 물들다 ☐	꽃잎이/낙엽이 바람에 날리다 ☐
단풍잎이 떨어지다 ☐	꽃으로/별로 가득하다 ☐	사막이/바다가/초원이 펼쳐지다 ☐
해가/달이/별이 뜨다/지다 ☐	불빛이/별빛이 반짝거리다 ☐	건물로/산으로 둘러싸이다 ☐
달빛이/햇빛이 비치다 ☐		

기분이 상쾌하다 ☐	마음이 들뜨다 ☐	끝없이 ☐	쓸데없이 ☐
기분이 색다르다 ☐	마음이 차분해지다 ☐	수없이 ☐	정신없이 ☐
기분이 상하다 ☐	마음이 우울해지다 ☐	말없이 ☐	

6단원

행사에 참여하다 ☐	비용을 마련하다 ☐	구경거리/볼거리 ☐	걱정거리 ☐
행사를 진행하다 ☐	장소를 찾다 ☐	먹을거리 ☐	관심거리 ☐
체험하다 ☐	일정을 정하다 ☐	일거리 ☐	이야깃거리 ☐
참가비를 내다 ☐	날씨를 고려하다 ☐		

감동적이다 ☐	연출이 뛰어나다 ☐	목표를 이루다 ☐	한계가 있다 ☐
수준이 높다/낮다 ☐	내용이 신선하다 ☐	의미가 있다 ☐	홍보가 잘되다/안 되다 ☐
내용이 뻔하다 ☐	연기가 형편없다 ☐	좋은 반응을 얻다 ☐	
기대만 못하다 ☐			

2. 어휘를 사용해서 이야기해 보세요.

1) 여러분 나라의 기후를 소개해 보세요.

> • 여러분 나라에는 어떤 계절이 있습니까?
> • 그 계절은 날씨가 어떻습니까?
> • 최근 날씨나 기후에 달라진 점이 있습니까?

2) 한국의 여행지에 대해서 이야기해 보세요.

> • 한국에서 여행을 한 적이 있습니까?
> • 여행지에서 어떤 기분을 느꼈습니까?
> • 여러분 나라의 여행지와 한국의 여행지에 공통점이나 차이점이 있습니까?

3) 여러분이 본 공연이나 축제에 대해 소개해 보세요.

> • 기억에 남는 공연이나 축제가 있습니까?
> • 언제 어디에서 봤습니까?
> • 어떤 점이 좋았습니까?

3. 친구의 풍경 묘사를 듣고 그림으로 그려 보세요.

1) 여행한 곳 중 소개하고 싶은 곳을 정합니다.
2) 그곳에서 찍은 사진 중에 마음에 드는 것을 골라서 풍경을 묘사해 보세요.
3) 친구의 풍경 묘사를 듣고 그림으로 그려 보세요.
4) 풍경을 묘사한 사진과 풍경 묘사를 듣고 그린 그림을 서로 비교해 보세요.

> 산으로 둘러싸인 호수 뒤로 해가 지고 있어요.
> 하늘과 호수가 빨갛게 물들어 있어요.

4. 문법과 표현의 의미를 확인해 보세요.

4단원

동-는다더라고(요), 형-다더라고(요) 명이라더라고(요)	가: 주말에 놀러 가기로 했는데 날씨가 괜찮을까요? 나: 아까 일기 예보를 봤는데 **쌀쌀하다더라고요**.
동-는 바람에	가: 내일 시험 보지요? 공부 많이 했어요? 나: 아니요. **감기에 걸리는 바람에** 하나도 못 했어요.
명을 비롯해(서), 명을 비롯한	추석에는 **송편을 비롯해서** 갈비찜, 잡채처럼 평소에 먹기 힘든 명절 음식을 먹는다.
동-는 반면(에), 형-은 반면(에) 명인 반면(에)	여름에는 **강수량이 많은 반면에** 겨울에는 강수량이 적고 건조한 편이다.

5단원

명이면 명 명이면 명	가: 산과 바다를 모두 보고 싶은데 어디로 가야 할까요? 나: 속초에 가 보세요. **산이면 산 바다면 바다**, 모두 멋져요.
어찌나 동-는지, 어찌나 형-은지 어찌나 명인지	가: 테오 씨는 노래를 정말 잘하네요. 나: 그렇죠? **어찌나 노래를 잘하는지** 가수인 줄 알았어요.
동-는 듯하다, 형-은 듯하다 명인 듯하다	하늘이 잔뜩 흐린 것을 보니 **비가 올 듯하다**.
동형-으며, 명이며	그 가게에서 파는 물건은 **값이 저렴하며** 품질도 좋아서 인기가 많다.

6단원

동형-던데(요), 명이던데(요)	가: 재미있는 **영화가 있던데** 같이 보러 갈래요? 나: 그래요? 영화 제목이 뭐예요?
동-는다고 보다, 형-다고 보다 명이라고 보다	가: 어렸을 때부터 외국어를 배우는 게 좋다고 들었어요. 나: 글쎄요. 저는 모국어를 잘하게 된 후에 **배우는 게 좋다고 봐요**.
여간 동-는 것이 아니다 여간 형-은 것이 아니다 여간 명인 것이 아니다 여간 동형-지 않다	한국말을 배운 지 1년이나 됐지만 상황에 맞게 존댓말을 쓰는 게 **여간 어려운 것이 아니다**.
명이야말로	인생에서 중요한 사람들이 많지만 **가족이야말로** 가장 소중한 존재라고 생각한다.

5. 문법과 표현을 사용해서 이야기해 보세요.

> 1) 동-는 바람에   2) 어찌나 동-는지   3) 명을 비롯해(서)
> 4) 동-는다고 보다   5) 동-는다더라고(요), 형-다더라고(요)   6) 명이면 명 명이면 명

가형
1) 모임에 꼭 온다고 해서 기다렸는데 왜 안 왔어요?
2) 과식을 해서 고생한 적이 있었어요?
3) 고향 음식 중 유명한 음식은 무엇입니까?
4) 월급은 많지만 적성에 안 맞는 일을 하는 것에 대해 어떻게 생각해요?
5) 일기 예보를 봤어요? 오늘 날씨가 어떻대요?
6) 제주도로 여행을 다녀왔다면서요? 어땠어요?

나형
1) 오늘은 안 늦는다고 했잖아요. 그런데 왜 또 늦은 거예요?
2) 한국에서 1년 정도 살았지요? 여름에 날씨가 어땠어요?
3) 젊은 사람들이 좋아하는 장소는 어디입니까?
4) 예뻐 보이기 위해 성형 수술을 하는 것에 대해 어떻게 생각해요?
5) 뉴스를 열심히 보고 있네요. 새로운 소식이 있어요?
6) 그 가수는 인기가 많은 것 같아요. 사람들이 좋아하는 이유가 뭘까요?

다형
1) 숙제를 아직 못 했다고요? 왜요?
2) 한국어 노래 가사를 다 외우다니 정말 대단해요.
3) 생활에 필요한 전자 제품에는 어떤 것이 있습니까?
4) 수업 시간에 휴대폰을 사용하는 것에 대해 어떻게 생각해요?
5) 아까 아야나 씨를 만났지요? 아야나 씨가 오늘 모임에 온대요?
6) 그 커피숍에 자주 가네요. 어떤 점이 마음에 들어요?

모임에 꼭 온다고 해서 기다렸는데 왜 안 왔어요?

배탈이 나는 바람에 못 갔어요.

듣기 Listening

[1~4] 다음을 듣고 질문에 답해 보세요.

1. 뉴스를 듣고 알맞은 그래프를 고르세요.

   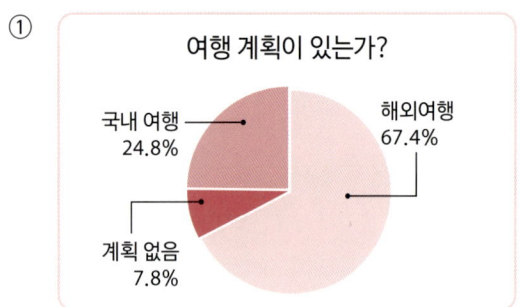
   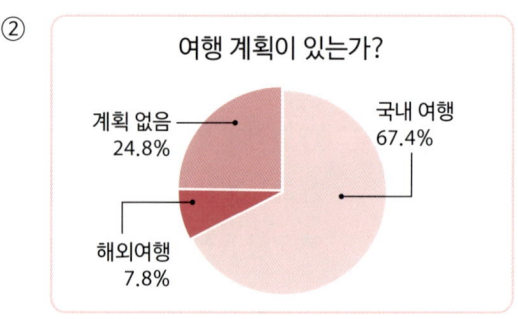
   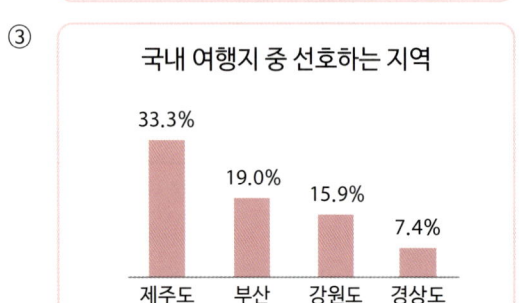
   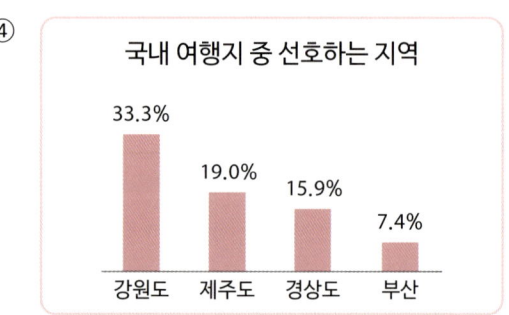

2. 대화가 끝난 후 여자가 이어서 할 행동으로 가장 알맞은 것을 고르세요.

   ① 텔레비전을 켠다. ② 우산을 사러 간다.
   ③ 메시지를 확인한다. ④ 남자에게 날씨를 알려 준다.

3. 대화가 끝난 후 남자가 이어서 할 행동으로 가장 알맞은 것을 고르세요.

   ① 업체에 연락한다. ② 영상을 편집한다.
   ③ 여자에게 이메일을 보낸다. ④ 부장님께 홍보 책자를 드린다.

4. 인터뷰를 듣고 남자의 생각으로 가장 알맞은 것을 고르세요.

   ① 몸이 힘들어서 농사를 포기하고 싶다.
   ② 색다른 과일을 키울 수 있어서 자랑스럽다.
   ③ 한국에서 열대 과일을 재배하는 것은 불가능하다.
   ④ 신안에서 사과와 배 같은 과일을 재배하는 것이 좋다.

 편집 editing   책자 brochure   열대 과일 tropical fruit

[5~6] 다음을 듣고 들은 내용과 같은 것을 고르세요.

5. ① 여자는 전에 안동에 여행 온 적이 있다.　② 여자는 안동의 분위기와 음식을 마음에 들어 한다.
   ③ 남자는 여행 오기 전에 미리 탈춤에 대해 공부했다.　④ 남자는 안동 축제가 다른 축제와 비슷하다고 생각한다.

6. ① 이 대회는 7월 1일에 열린다.　② 대회에는 세 가지 코스가 있다.
   ③ 보령 시민은 참가비가 무료이다.　④ 우승자는 머드 축제에 참여할 수 있다.

[7~8] 대화를 듣고 질문에 답해 보세요.

7. 두 사람은 무엇에 대해 이야기하고 있습니까?

   ① 공연을 보는 방식
   ② 콘서트 일정과 표값
   ③ 콘서트 표를 예매하는 방법
   ④ 공연을 하는 가수의 노래 실력

8. 남자의 생각으로 가장 알맞은 것을 고르세요.

   ① 가수의 콘서트 표값이 너무 비싸서 문제이다.
   ② 좋은 자리에서 공연을 보려면 예매를 일찍 해야 한다.
   ③ 공연장에서 노래를 따라 부르면 스트레스를 풀 수 있다.
   ④ 먼 자리에서 공연을 보는 것보다 비대면으로 보는 게 낫다.

[9~10] 강연을 듣고 질문에 답해 보세요.

9. 이 강연의 주제로 알맞은 것을 고르세요.

   ① 각 지역 특산물의 종류
   ② 제사 음식의 역사적 변화
   ③ 지역별 제사 음식의 특징
   ④ 생소한 음식과 친숙한 음식

10. 들은 내용과 일치하는 것을 고르세요.

    ① 안동의 양반집에서는 제사상에 비빔밥을 올린다.
    ② 강릉에서는 화려한 모양으로 제사 음식을 만든다.
    ③ 서울과 경기도 지역의 제사 음식은 종류가 다르다.
    ④ 전라도에서는 제사 음식 재료로 주로 고기를 활용한다.

　탈춤 mask dance　머드 mud　방식 method　특산물 regional specialties

읽기 Reading

[1~6] 다음을 읽고 질문에 답해 보세요.

1. 다음 글의 내용과 같은 것을 고르세요.

> ### 아리랑과 함께하는 수요일
>
> - 일시: 매월 마지막 주 수요일 오전 11시
> - 장소: 한국국악원
> - 내용: 지역별 아리랑을 감상하고 배울 수 있음
>   (아리랑 종류는 홈페이지에서 확인 바람)
> - 참가비: 10,000원 (6인 이상 단체 30% 할인)
> - 공연 선물: 관객 전원에게 공연 후 전통 차와 떡 제공

① 이 공연은 매주 수요일 오전 11시에 진행된다.
② 관객들은 공연을 보면서 전통 차를 마실 수 있다.
③ 다섯 명이 함께 참가하는 경우 1인당 만 원씩 내야 한다.
④ 공연마다 모든 지역의 아리랑을 감상하고 배울 수 있다.

2. 다음 글의 내용과 같은 것을 고르세요.

> 요즘 주말을 이용해 국내 여행을 하는 사람들이 많아지면서 여수가 많은 관광객들의 사랑을 받고 있다. 여수는 산이면 산 바다면 바다, 모두 아름다울 뿐만 아니라 볼거리와 즐길 거리가 다양해서 인기 있는 여행지로 떠오르고 있다. 또한 서울에서 기차로 세 시간이면 갈 수 있다. 기차역 근처에는 대형 수족관과 엑스포 공원이 있어서 아이와 함께 여행을 하는 사람들이 구경하기 좋다. 여수 돌산대교에서 해상 케이블카를 타면 끝없이 펼쳐진 바다를 비롯한 여수의 풍경을 한눈에 볼 수 있다. 케이블카 표를 인터넷에서 미리 예매할 경우 할인을 받을 수 있다. 하지만 예매한 표는 예매한 다음 날부터 사용할 수 있다.

① 여수 해상 케이블카 표를 싸게 살 수 있는 방법은 없다.
② 여수 기차역 근처에서는 다양한 구경거리를 즐길 수 있다.
③ 여수가 여행지로 인기 있는 이유는 서울 근처에 있기 때문이다.
④ 여수에 가면 바다의 풍경을 즐길 수 있지만 산은 찾아보기 힘들다.

 대형 large   해상 maritime

3. 다음을 순서대로 맞게 나열한 것을 고르세요.

> (가) 집의 구조와 형태는 그 지역의 기후와 깊은 관계가 있다.
> (나) 이처럼 집을 짓는 곳의 기후는 집의 구조와 형태에 큰 영향을 준다는 것을 알 수 있다.
> (다) 왜냐하면 제주도는 바람이 매우 심하게 불 뿐만 아니라 태풍의 영향도 자주 받기 때문이다.
> (라) 제주도에서는 집을 지을 때 돌로 담을 쌓고 지붕이 날아가지 않도록 새끼줄로 단단히 묶는다.

① (가)-(나)-(다)-(라)   ② (가)-(라)-(다)-(나)
③ (라)-(가)-(다)-(나)   ④ (라)-(나)-(가)-(다)

4. 다음 글에서 보기 의 문장이 들어가기에 가장 알맞은 곳을 고르세요.

> 기분 좋게 뮤지컬 공연을 관람하기 위해서는 꼭 지켜야 하는 규칙이 몇 가지 있다. (㉠) 먼저 휴대폰은 공연이 시작되기 전에 반드시 꺼 놓아야 한다. (㉡) 하지만 휴대폰에서 나오는 불빛은 공연하는 사람들에게 방해가 된다. (㉢) 공연을 볼 때 반짝거리는 옷을 입는 것도 휴대폰 불빛처럼 다른 관객들에게 불편을 줄 수 있다. (㉣) 마지막으로 공연의 흐름이 끊길 수도 있기 때문에 아무 때나 박수를 치면 안 된다. 이와 같이 주변 사람들을 조금만 배려하면 기분 좋게 공연을 관람할 수 있을 것이다.

> 보기 휴대폰을 무음으로 바꾸면 켜 놓아도 괜찮다고 생각하는 사람이 있다.

① ㉠   ② ㉡   ③ ㉢   ④ ㉣

5. 빈칸에 들어갈 말로 알맞게 연결된 것을 고르세요.

> 날씨가 더워지고 기온이 올라가면 야외 활동을 할 때 주의해야 한다. 햇볕이 뜨거울 때 바깥에 오래 있으면 체온이 올라가면서 머리가 아프거나 어지러울 수 있기 때문이다. 심하면 토할 것 같은 느낌도 들 수 있는데 이런 증상이 나타나는 것을 일사병이라고 한다. 이런 증상이 나타나면 시원한 곳에서 땀을 식히고 체온을 낮추는 것이 중요하다. (㉠) 땀을 흘린 만큼 물을 충분히 마셔서 몸에 수분이 부족하지 않게 해야 한다.
> (㉡) 더위가 심한 날 꼭 야외 활동을 해야 한다면 되도록 오후 3시 이후에 하는 것이 좋으며 꽉 끼는 옷보다는 헐렁한 옷을 입고 모자나 선글라스를 쓰는 것이 도움이 된다.

① ㉠ 또한 - ㉡ 만약   ② ㉠ 하지만 - ㉡ 또한
③ ㉠ 예를 들면 - ㉡ 반면에   ④ ㉠ 왜냐하면 - ㉡ 예를 들면

 담을 쌓다 to build a wall   지붕 roof   새끼줄 straw rope   무음 silent   체온 body temperature   일사병 heatstroke

6. 다음 글의 주제로 가장 알맞은 것을 고르세요.

> 여행하는 사람들이 많아지면 여행지의 주민들이 돈을 벌 거라고 생각하지만 현실은 그렇지 않다. 유명한 관광지에서는 현지인이 아닌 선진국의 다국적 회사가 관광 시설을 운영하는 경우가 많기 때문이다. 관광객이 많아져도 수익은 다국적 회사에 돌아간다. 착한 여행이 사람들의 주목을 받는 이유는 이러한 현실이 알려졌기 때문이다. 착한 여행은 주민들에게 도움이 되도록 그 지역 사람들이 운영하는 숙소나 식당을 이용하는 것을 말한다. 앞으로는 현지인들에게 도움을 줄 수 있는 착한 여행을 계획해 보는 것도 좋을 듯하다.

① 착한 여행의 장점
② 관광지 개발의 목표
③ 다국적 회사의 홍보 방법
④ 착한 여행에 대한 주민들의 반응

[7~8] **다음을 읽고 질문에 답해 보세요.**

> 한국에서는 안동 탈춤 축제를 비롯해서 지역 이름을 붙인 다양한 축제가 열린다. 영화를 볼 수 있는 영화 축제, 먹을거리를 주제로 하는 음식 축제도 있다. 그런데 축제를 즐기다 보면 다른 축제에서도 비슷한 경험을 한 듯한 느낌이 들 때가 많다. 왜냐하면 그 지역의 독특한 문화나 특산물을 소개하기보다는 반응이 좋았던 축제의 형식과 내용을 따라 하기 때문이다. 내용이 뻔한 공연이나 비슷비슷한 체험, 차이점을 찾기 힘든 먹을거리 등이 국내 지역 축제의 한계로 지적되고 있다. 지역 축제를 살리기 위해서는 그 지역만이 가지고 있는 독특한 문화와 이야기를 들려주어야 한다. 특색이 없는 축제를 계속하다 보면 더 이상 관람객이 찾지 않는 축제가 될 것이다.

7. 이 글의 내용과 일치하지 <u>않는</u> 것을 고르세요.

① 한국 축제의 먹을거리는 어디나 비슷하다.
② 안동 탈춤 축제는 지역 이름을 붙인 축제이다.
③ 국내 지역 축제는 관람객들에게 좋은 반응을 얻고 있다.
④ 지역 축제에서 하는 공연은 내용이 뻔하다는 평가를 받는다.

  현지 local   선진국 developed country   다국적 multinational   특색 distinct feature

8. 이 글의 중심 생각으로 가장 알맞은 것을 고르세요.

① 사람들에게 친숙한 지역 축제가 좋은 반응을 얻는다.
② 지역 축제가 성공하기 위해서는 홍보가 잘 돼야 한다.
③ 독특한 지역 문화를 보여 주는 축제를 만들어야 한다.
④ 반응이 좋았던 지역 축제를 따라 해야 성공할 수 있다.

[9~10] 다음을 읽고 질문에 답해 보세요.

> 한국은 사계절이 있으며 계절의 구분이 뚜렷한 편이다. 사계절 중 가을은 뜨거운 여름에서 추운 겨울로 넘어가는 시기이다. 햇빛이 비치는 시간이 줄어들며 날씨도 점점 쌀쌀해진다. 가을과 관련된 한국어 표현 가운데 '가을을 타다'라는 말이 있다. 가을이 되어서 기분이 가라앉고 마음이 우울해질 때 사용하는 말이다. 또한 한국어에는 '봄을 타다'라는 말도 있다. 재미있는 것은 '가을을 타다'와 '봄을 타다'는 자주 사용되는 반면에 '여름을 타다', '겨울을 타다'와 같은 말은 없다는 것이다. 즉, '타다'는 날씨의 변화를 더 쉽게 느낄 수 있는 계절과 함께 쓸 수 있는 표현이다. 이러한 표현을 보면 (   ) 집의 구조나 음식뿐만 아니라 사용하는 말에도 영향을 주고 있음을 확인할 수 있다. 언어를 배울 때 이렇게 그 나라의 날씨나 기후와 관련된 독특한 언어 표현을 찾아보는 것도 의미가 있을 것이다.

9. (   )에 들어갈 내용으로 가장 알맞은 것을 고르세요.

① 날씨가   ② 문화가
③ 기분이   ④ 지형이

10. 이 글의 제목으로 가장 알맞은 것을 고르세요.

① 한국의 가을 날씨
② 봄과 가을의 차이점
③ 한국의 사계절과 기후
④ 계절과 관련된 언어 표현

가라앉다 to be down   지형 geography

쓰기 Writing

1. 공통으로 들어갈 말을 골라서 알맞게 써 보세요.

> 변덕스럽다   심하다   신선하다   부족하다

1) 여름에 더위가 _____ 때는 낮에 외출을 하지 않는 것이 좋다.
   그 아이는 장난이 _____ 엄마에게 자주 야단을 맞는 듯하다.

2) 그는 여자 친구의 _____ 성격 때문에 여간 자주 싸우는 것이 아니다.
   요즘은 날씨가 참 _____. 아침에는 폭우가 내렸는데 지금은 맑게 개었다.

3) 시험 결과가 좋지 않을 때에는 자신의 노력이 _____ 않았는지 생각해 봐야 한다.
   현대인들은 잘못된 식습관과 _____ 운동량 때문에 비만을 비롯한 다양한 성인병에 걸린다.

4) 전통시장에 가면 _____ 채소를 비롯해서 다양한 음식 재료를 살 수 있다.
   이번에 개봉한 영화는 내용이 _____ 뿐만 아니라 배우들의 연기도 훌륭해서 좋은 반응을 얻고 있다.

2. 알맞은 말을 골라서 대화를 완성해 보세요.

> 친숙하다   수없이   끝없이   독특하다   가득하다

1) 가: 지난 주말에 벚꽃 축제에 갔다면서? 어땠어?
   나: 말도 마. 길이 사람들로 _____ 걷기가 힘들 정도였어.

2) 가: 오랜만에 시골에 오니까 공기도 맑고 경치도 예뻐서 참 좋네요!
   나: 그러게요. 하늘에 있는 _____ 많은 별들 좀 보세요. 정말 아름다워요.

3) 가: 이 옷은 어때요? 안나 씨에게 잘 어울리는 것 같은데.
   나: 면접 볼 때 입을 옷을 사려고요. 그 옷이 마음에 들지만 디자인이 _____ 면접 볼 때 입기에는 별로인 것 같아요.

복습 2

3. 주어진 말을 사용해서 대화를 완성해 보세요.

1) 가: 지난번에 본 판소리 영상이 너무 감동적이라서 실제로 공연을 한번 보고 싶어요.
   나: 주말에 국립극장에서 유명한 가수가 판소리 공연을 _____ 같이 보러 갈래요? (하다)

2) 가: 이번 동창회는 학교 앞에 새로 생긴 식당에서 하려고 하는데 거기 가 봤다면서요? 어때요?
   나: 어제 친구와 함께 그 식당에서 밥을 먹었는데 _____,
   다 좋더라고요. (분위기, 가격)

4. 틀린 부분을 찾아서 맞게 고쳐 보세요.

> 주말에 친구와 영화를 보려다가 표가 매진돼서 박물관에 갈 것이다. ➡ 갔다

1) 끝없이 펼쳐진 바다를 보니 여간 기분이 상쾌하다.

2) 아침에 늦게 일어나서 버스를 놓치는 바람에 학교에 지각할 것이다.

5. 알맞은 표현을 골라서 대화를 완성해 보세요.

> 어찌나 -는지   이야말로   -는 반면에   을 비롯한

1) 가: 이번 겨울 방학에 특별한 계획이 있어요?
   나: 네. 친구들하고 _____ 동남아시아 곳곳을 여행할 계획이에요.

2) 가: 외국 친구들을 우리 집에 초대해서 한국 음식을 대접하고 싶은데 어떤 음식을 준비하는 게 좋을까요? 닭갈비? 김치전?
   나: 닭갈비나 김치전도 좋지만 매운 음식을 못 먹는 사람도 있잖아요. _____ 맵지도 않고 여러 사람이 먹기 좋은 음식이라고 생각해요.

3) 가: 어제 본 공연은 어땠어요? 나도 같이 보고 싶었는데 못 가서 아쉬워요.
   나: 같이 갔으면 정말 좋았을 거예요. 공연이 _____ 눈이 부을 정도로 울었어요.

판소리 Korean folk opera   동창회 class reunion

6. 다음 표현을 사용해서 '선호하는 공연과 선택 기준'에 대한 글을 200~300자로 쓰세요.

이야말로　　　-는 반면에　　　-으며

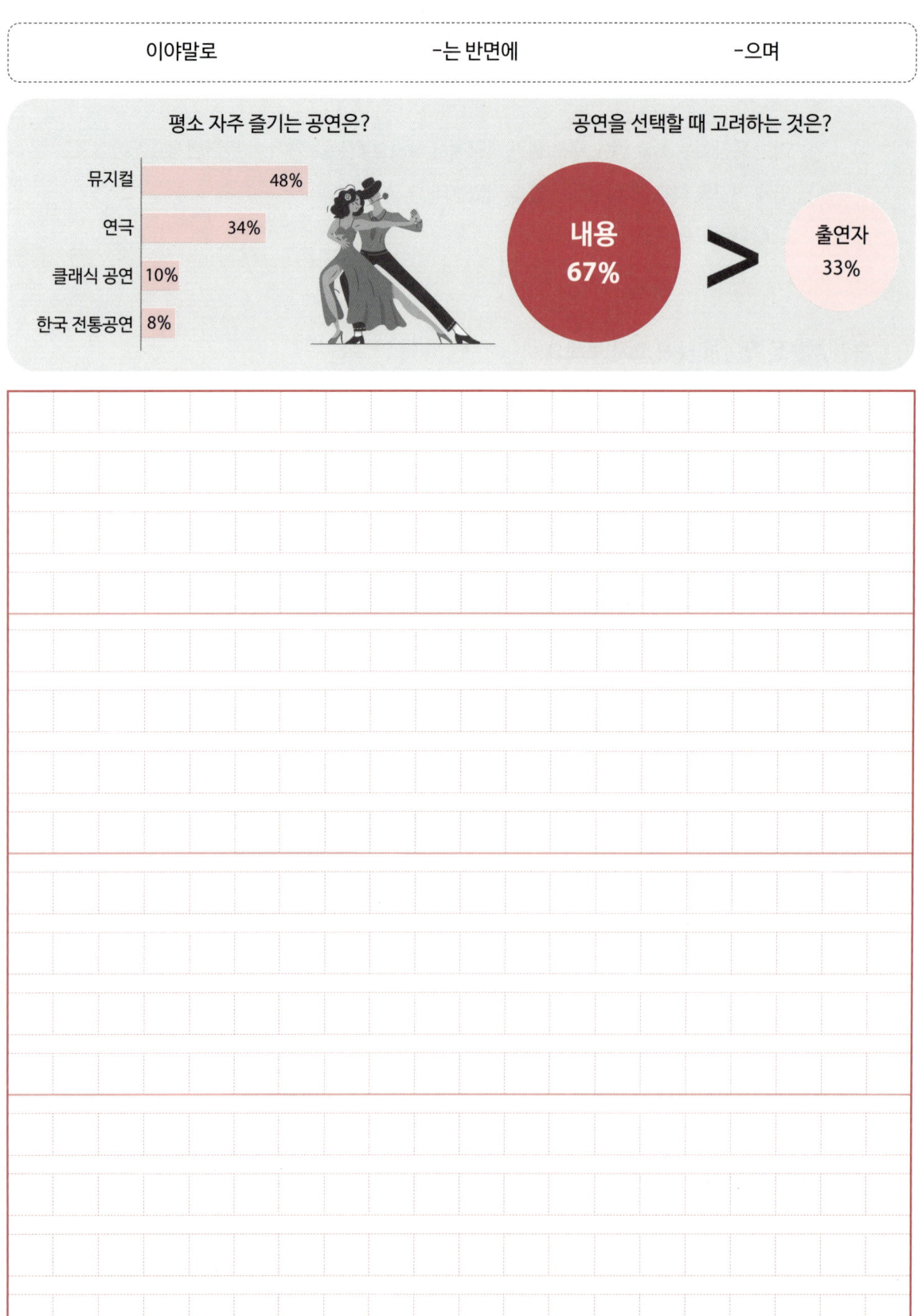

발음 Pronunciation

🎧 잘 들어 보세요.

1. 햇**볕이** 좋으니까 금방 녹을 수도 있어요.
2. **낮이면 낮 밤이면 밤**, 모두 아름다운 곳이었어요.
3. 우리 학교 축제는 **볼거리**가 많다더라고요.

🎧 잘 듣고 따라 해 보세요.

1. 수업이 끝나면 **같이** 점심을 먹을래요?
2. **위치면 위치 시설이면 시설**, 다 좋아요.
3. 휴가를 다녀왔더니 **일거리**가 쌓여 있어요.

🎧 잘 듣고 친구와 연습해 보세요.

1. 가: 공원에 갈 때 준비할 게 있어요?
   나: 햇**볕이** 뜨거우니까 선글라스나 양산을 준비하는 게 좋겠어요.

2. 가: 어제 한강공원에 다녀왔다면서요? 어땠어요?
   나: **일몰이면 일몰 야경이면 야경**, 모두 아름다웠어요.

3. 가: 무슨 **걱정거리**가 있어요? 얼굴이 안 좋아 보여요.
   나: 이번에 이사를 해야 되는데 집 구하기가 너무 힘들어요.

7 숫자로 보는 세상 World in Numbers

7-1 조사 결과

7-2 통계와 그래프

7-1	어휘	조사 결과, 범위와 숫자
	문법과 표현	명에 따라(서), 동-느냐에 따라(서)
		형-으냐에 따라(서), 명이냐에 따라(서)
		명에 의하면
7-2	어휘	수량과 가격 변화, '-률'
	문법과 표현	명에 불과하다
		명을 통해(서)

어휘 Vocabulary

1. 알맞은 말을 골라서 조사 결과를 완성해 보세요.

- -을 대상으로 -에 대해 조사하다/-는지 조사하다
- 전체의 ~%가 -는다고 응답하다
- -는다는 응답이 ~을 차지하다
- 순으로 응답하다
- -는 것으로 나타나다

서울대학교에서 외국인 학생 100명 _____ 어떤 아르바이트를 _____. 편의점 _____ 43%로 1위 _____. 다음으로 식당 23%, 카페 17%, 언어 학원 15.4% _____. 외국인 학생들은 직접 한국인을 만나는 아르바이트를 _____.

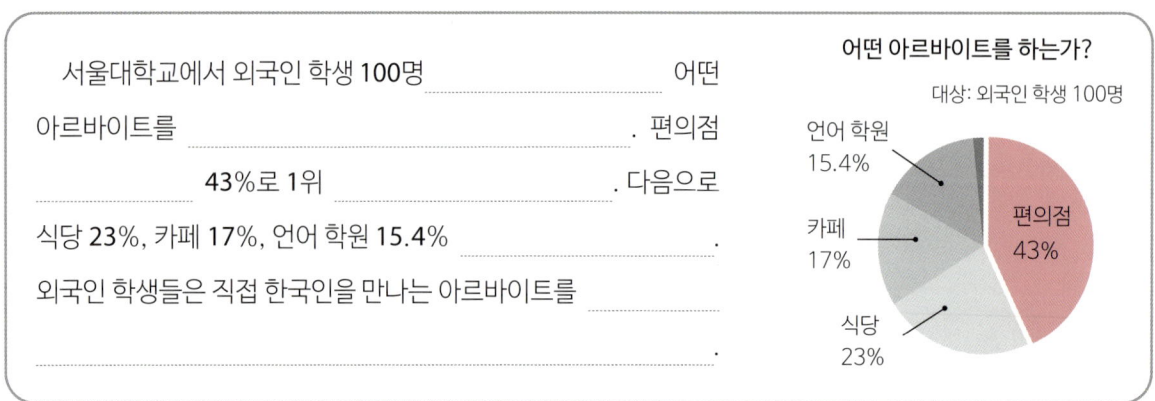

어떤 아르바이트를 하는가?
대상: 외국인 학생 100명
편의점 43%, 식당 23%, 카페 17%, 언어 학원 15.4%

2. 알맞은 말을 골라서 대화를 완성해 보세요.

이상   과반수   2/3   이하   미만   절반

1)
65세부터	무료
일반	1,550원
어린이	750원
0~7세	무료

가: 한국에서는 누구나 다 지하철 요금을 내야 돼요?
나: 한국에서는 8세 <u>미만</u> 어린이와 65세 <u>이상</u> 어르신은 지하철을 무료로 이용할 수 있습니다.

2) 휴대폰 66%

가: 지하철에서 휴대폰을 보고 있는 사람이 많은 것 같아요.
나: 그렇죠? 지하철 이용객 100명한테 조사한 결과 응답자의 66%, 즉 _____ 휴대폰을 본다고 응답했대요.

3)
가: 편의점에서 술을 사려는데 나이를 물어봤어요. 왜 그래요?
나: 한국에서는 18세 _____ 술을 살 수 없거든요.

4)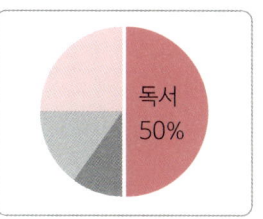

가: 한국 사람들은 시간 있으면 보통 뭐 해요?
나: 한국인 100명을 대상으로 조사해 봤더니 응답자의 _____ 독서가 취미라고 응답했대요.

5)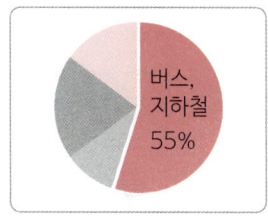

가: 출퇴근 시간에는 버스나 지하철에 사람이 많은 것 같아요.
나: 서울 시민들에게 조사했는데 출퇴근할 때 시민의 _____ 대중교통을 이용한다고 해요.

3. 그래프를 보고 이야기해 보세요.

1) 중고등학생들은 어떤 종류의 카페인 음료수를 마시는가?

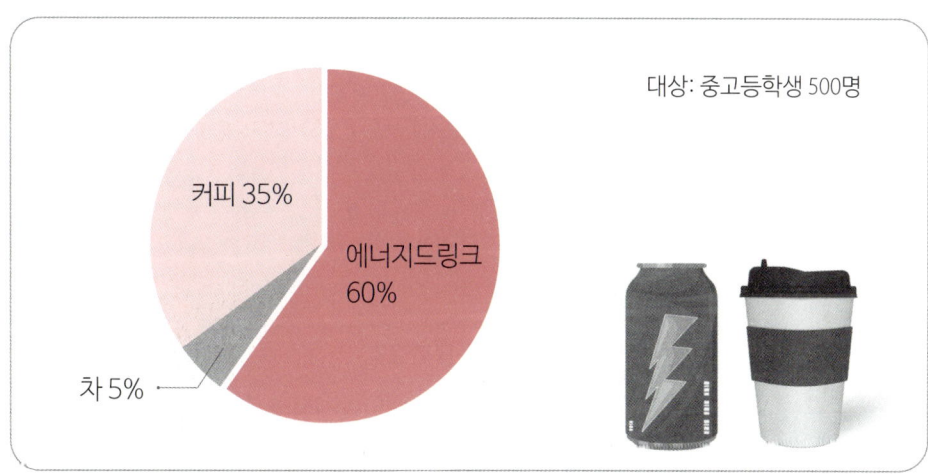

2) 한국인이 좋아하는 달은 언제인가?

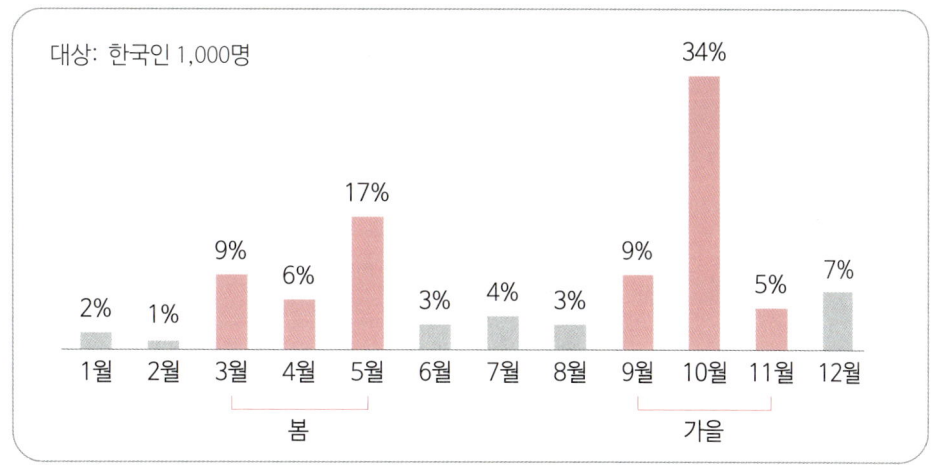

문법과 표현 1

명에 따라(서), 동-느냐에 따라(서)
형-으냐에 따라(서), 명이냐에 따라(서)

1. **대화를 완성해 보세요.**

   1) 가: 머리를 짧게 자르고 싶은데 얼마 정도 들까요?
      나: 글쎄요. <u>미용실에 따라(서)</u> 가격이 다르니까 가까운 미용실에 전화해서 물어보는 게 좋겠어요.

   2) 가: 서울역에서 부산역까지 기차를 타면 시간이 얼마나 걸려요?
      나: _____ 걸리는 시간에 차이가 나요. 가격도 다르고요.

   3) 가: 요즘 건강을 위해서 아침마다 운동을 하는데 하루 종일 너무 힘들어요. 집중도 잘 안 되고요.
      나: _____ 운동 효과에 차이가 있대요. 아침에 운동을 하면 다이어트에 좋고, 저녁에 하면 피로와 스트레스를 풀 수 있대요. 저녁에 운동을 해 보세요.

   4) 가: 어제 먹었던 거랑 똑같은 커피인데 왜 더 단 것 같지?
      나: 너 오늘 기분 좋은가 보구나. _____ 맛이 다르게 느껴진대. 기분이 좋을 땐 단맛에 더 민감해진다더라고.

   5) 가: 한국어 공부에 필요한 책을 사고 싶은데 뭐가 좋을까요?
      나: _____ 다를 것 같은데요. 입학시험을 준비하는 거라면 이 책이 좋겠고, 취업 준비에는 이 책이 나을 것 같아요.

   6) 가: 잠자리가 바뀌어서 그런지 잠을 잘 못 잤어요.
      나: 하하. '[잠자리]'라고 발음하면 안 돼요. '[잠짜리]'가 맞아요. 잠자리는 곤충이에요.
      가: _____ 뜻이 달라지다니 참 재미있네요.

민감해지다 to become sensitive   잠자리 dragonfly   곤충 insect

2. 대화를 완성해 보세요.

1) 가: 책상을 바꾸고 싶은데 비용이 얼마나 들까요?
   나: 디자인이 A형, B형, C형으로 세 가지가 있는데요. <u>어느 것을 선택하느냐에 따라(서)</u> 가격이 달라집니다.

2) 가: 제주도로 여행을 가려고 하는데 비용이 얼마나 들까요?
   나: _____ 여행 비용에도 차이가 있어요.

3) 가: 냉동 고기를 쓰면 가격도 싸고 만들기도 쉬운데 왜 생고기로 만드세요?
   나: _____ 맛에 큰 차이가 있어서 전 되도록 좋은 재료를 쓰려고 해요.

4) 가: 이 지역은 월세가 어떻게 돼요?
   나: _____ 가격에 차이가 있어요. 전철역에서 가까운 곳은 아무래도 좀 비싸죠.

5) 가: 음식이 건강에 미치는 영향이 크다면서요?
   나: 물론입니다. _____ 건강 상태도 달라질 수 있습니다. 짜거나 단 음식을 적게 먹을수록 건강에 도움이 됩니다.

3. 여러분은 다음 조건에 따라 무엇이 달라진다고 생각합니까? 친구와 이야기해 보세요.

성격   기분   나이   지역

저는 성격에 따라 잘 어울리는 직업에 차이가 있다고 생각해요. 예를 들어 꼼꼼한 사람은 공무원이나 회계사 같은 직업을 가지면 좋을 것 같아요. 또 사교적인 사람은 사람을 많이 만나는 선생님이나 사업가 같은 일이 잘 어울릴 것 같아요.

냉동 frozen   생고기 raw meat   되도록 if possible   아무래도 by any possibility   회계사 accountant

문법과 표현 ❷ 몡에 의하면

1. 바르게 연결하고 대화를 완성해 보세요.

1) 소문 •　　　　　• 내년에 집값이 올해보다 더 오를 것이다
2) 연구 결과 •　　　• 나나 씨가 이번 주에 회사를 그만두다
3) 정부 발표 •　　　• 이번 추석에 고속 도로 통행료가 무료이다
4) 신문 기사 •　　　• 웃는 얼굴이 그렇지 않은 얼굴보다 두 살이나 어려 보이는 효과가 있다

1) 가: 나나 씨가 오늘 오후에 급한 일이 있다고 휴가를 썼던데 무슨 일인지 알아요?
   나: 저도 정확히는 몰라요. 그런데 <u>소문에 의하면 나나 씨가 이번 주에 회사를 그만둔대요</u>.

2) 가: 테오 씨는 원래 나이보다 어려 보이는 것 같아요. 그런 이야기 많이 듣지요?
   나: 가끔 들어요. 저는 잘 웃는 편인데 _____.

3) 가: 이번 추석에 고향에 내려가지요? 기차표는 예매했어요?
   나: 아니요. _____. 그래서 직접 운전해서 가려고요.

4) 가: 집을 보러 부동산에 갔다가 집값이 너무 올라서 깜짝 놀랐어요. 올해도 집을 사서 이사 가기는 틀린 것 같아요.
   나: 저도 걱정이에요. _____. 월급을 하나도 안 쓰고 모아도 살고 싶은 동네에 집을 사기는 어려울 것 같아요.

2. 그림을 보고 대화를 완성해 보세요.

1)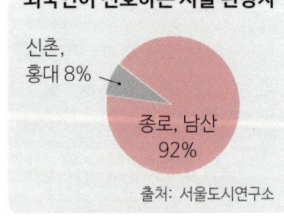

가: 이번에 친구들에게 서울 관광을 시켜 주려고 하는데 어디에 가면 좋을까요?
나: <u>서울도시연구소에 의하면 외국인이 선호하는 서울 관광지는 종로하고 남산이래요</u>. 거기에 가면 볼거리도 많고 먹을거리도 다양해서 좋을 것 같아요.

2) 1인당 마늘 소비량
7.72　　단위: kg
4.14
한국 중국 …
출처: 신문 기사

가: 한국 음식은 맛있는데 먹고 나면 마늘 냄새가 많이 나서 좀 힘든 것 같아요.
나: 한국 음식에 마늘이 안 들어간 음식이 없지요. _____.

3)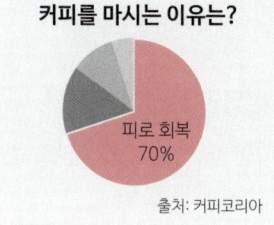

결혼식 축의금을 얼마나 내야 하는가?
직장인 10명 중 9명은 축의금으로 6만 5천 원 정도 내….
출처: 직장인 사이트

가: 대학원에서 같이 수업을 듣는 친구가 결혼한다고 청첩장을 줬어요. 친한 친구는 아닌데 축의금으로 얼마를 내야 할까요?

나: 5만 원 정도면 적당하지 않을까요?

_____.

4)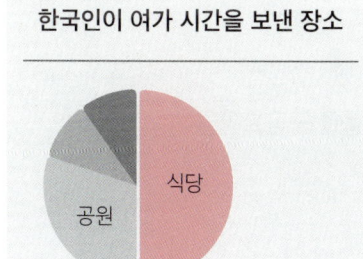

수면 부족이 비만의 원인!
체중을 줄이고 싶다면 매일 7시간 이상 숙면을 취해야 ….
출처: 연구 결과

가: 요즘 야식을 많이 먹었더니 건강이 안 좋아졌어요. 야식을 끊고 체중을 줄이려고 노력하는데 쉽지가 않네요.

나: 하루에 몇 시간 자요? _____.
체중을 줄이고 싶다면 매일 7시간 이상 푹 자는 것이 좋대요.

5)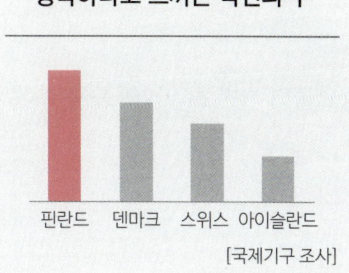

커피를 마시는 이유는?
피로 회복 70%
출처: 커피코리아

가: 오늘도 벌써 커피를 세 잔이나 마신 것 같아요. 피곤하면 자꾸 커피를 마시게 돼요.

나: 소날 씨만 그런 건 아닌가 봐요. _____
_____.

3. 친구와 이야기해 보세요.

한국인이 여가 시간을 보낸 장소
식당, 공원
[통계청 조사]

행복하다고 느끼는 국민의 수
핀란드 덴마크 스위스 아이슬란드
[국제기구 조사]

아몬드, 칼슘 함유량 우유의 2배
아몬드에는 우유의 2배가 넘는 칼슘이 들어 있어서 이를 튼튼하게 하는 효과가 있다.
[건강 잡지 기사]

통계청 조사 결과에 의하면 한국인이 여가 시간을 제일 많이 보낸 장소는 식당이라고 합니다.

청첩장 wedding invitation   피로 회복 fatigue recovery   여가 시간 spare time   칼슘 calcium   튼튼하다 to be strong

어휘 Vocabulary

1. 알맞은 말을 골라서 문장을 완성해 보세요.

> (늘어나다)   (증가하다)   오르다   인상하다   늘리다
> 줄어들다   감소하다   내리다   인하하다   줄이다

1) 뉴스에 의하면 최근 배달 아르바이트를 하는 직장인들이 <u>늘어나고 / 증가하고</u> 있다고 한다. 한 시간 정도 되는 점심시간을 이용해 10만 원 이상의 돈을 벌 수 있어서 많은 직장인들의 인기를 얻고 있는 것 같다.

2) 전문가들에 의하면 허리둘레가 성인 남자 90cm, 여자 85cm 이상이 되면 건강에 문제가 생길 수 있다고 한다. 그래서 의사들은 허리둘레를 _____ 위해 식사량을 조절하고 유산소 운동을 꾸준히 하라고 조언한다.

3) 갑자기 아이의 열이 38도 이상으로 _____ 때는 해열제를 먹여야 한다. 해열제는 아이를 키우는 집에 꼭 있어야 하는 약이다.

4) 버스 요금, 전기 요금 등 공공요금이 전년보다 많이 오른 후에 시민들은 공공요금을 _____ 시위를 벌였다.

5) 지방의 한 초등학교는 학생 수가 _____ 빈 교실이 점점 많아지고 있다고 한다. 학교에서는 빈 교실을 학생들에게 다양한 교육을 제공할 수 있는 공간으로 새롭게 꾸며서 좋은 반응을 얻고 있다.

허리둘레 waist size   유산소 cardio   해열제 antipyretic (drug)   꾸미다 to decorate

2. 어울리는 표현을 찾아서 연결해 보세요.

1) 교육부 자료에 의하면 2022년 한국에서 유학하고 있는 학생은 약 16만 7천 명인 것으로 나타났다. 중국 학생이 40.4%로 가장 많고 다음은 베트남 22.7%, 몽골 4.4%, 일본 3.4%의 순이었다.

2) 여행을 가기 위해 은행에 가서 환전을 했다. 어제는 1달러에 1,200원을 주고 돈을 바꿨는데 오늘은 1달러에 1,180원으로 20원이 내렸다.

3) 많은 사람들이 재미를 위해 또는 부자가 되기 위해 복권을 산다. 하지만 복권 1등에 당첨될 가능성은 사람이 번개에 맞을 가능성과 비슷하다고 한다.

4) 2020년 전공에 따른 취업률을 보면 의예과가 82.8%로 가장 높았고 공학과가 70.1%, 교육학과가 63.7%로 그 뒤를 이었다.

5) 경제가 어려워질수록 안정적인 직장이 인기를 끌고 있다. 그래서인지 올해는 공무원 2,285명을 뽑는데 41,264명이 지원할 정도로 경쟁이 치열했다.

- 복권 당첨 확률
- 공무원 경쟁률
- 유학생의 비율
- 전공별 취업률
- 오늘의 환율

3. 다음의 변화에 대해서 이야기해 보세요.

우리 나라 인구수   대중교통 요금   취업률이 높은 전공

스마트폰 사용 시간   우리 나라 환율

한국의 인구는 2022년 기준 약 5,163만 명입니다. 안타깝게도 한국의 인구는 앞으로 계속 감소할 예정입니다. 왜냐하면 한국의 출생률이 점점 낮아지고 있기 때문입니다. 지금 이대로라면 2100년에 한국의 인구는 2,954만 명으로 줄어들 것으로 예상됩니다.

경쟁이 치열하다 competition is fierce

문법과 표현 3 — 명에 불과하다

1. 그림을 보고 문장을 완성해 보세요.

1) 일하는 시간: 10시간
   쉬는 시간: 10분

   하루 종일 일하면서 쉴 수 있는 시간이 __10분에 불과하다__ .

2)
	딸기식당	수박식당
맛	☆☆☆☆	☆☆
교통	☆	☆☆☆☆
하루 평균 손님	5명	50명

   딸기식당은 맛은 있지만 교통이 불편해서 손님이 하루에 _____ .

3)
출발 시간	제주도(왕복)
6:00	10,000원
7:30	50,000원
8:00	75,000원

   아침 일찍 출발하는 것이 어렵기 때문에 아침 7시 전에 제주도에 가는 비행기표는 _____ .

4)
휴대폰이 있는 한국인	
1대	90.9%
1대 이상	9%
없음	0.1%

   요즘은 휴대폰이 없는 사람이 없다. 휴대폰이 없는 사람은 _____ .

5)
물을 충분히 쓸 수 있는가?	
매우 충분하다	20%
충분하다	30%
부족하다	40%
매우 부족하다	10%

   세계에서 물을 충분히 쓸 수 있는 사람은 50% 정도밖에 안 된다. 특히 아무 걱정 없이 물을 쓸 수 있는 사람은 _____ .

6)

일에 집중할 수 있는 시간은?	
10분	10%
20분	10%
30분	75%
1시간	5%

어떤 일에 집중할 수 있는 시간은 생각보다 길지 않다. 조사 결과 75%의 사람들이 일에 집중할 수 있는 시간은 _____ 응답했다.

2. 알맞은 말을 골라서 대화를 완성해 보세요.

> 숫자   상상   기계   거짓말   친구 사이

1) 가 : 80세가 넘으셨는데 어떻게 세계 여행을 하게 되셨습니까?
   나 : 나이는 <u>숫자에 불과합니다</u>. 나이가 많아도 하려고만 하면 무슨 일이든지 다 할 수 있습니다.

2) 가: 무슨 병이든 다 치료하는 약이 나왔다는 뉴스를 봤습니다.
   나: 저도 그 뉴스를 봤습니다. 무슨 병이든지 다 치료할 수 있다는 말은 _____.

3) 가: 가수 S 씨와 같은 비행기를 탄 것이 화제가 되고 있습니다. 두 분은 어떤 사이인가요?
   나: 어떤 분들은 연인 관계가 아니냐고 계속 물어보시는데, 우리는 그냥 _____.

4) 가: 우주에 생명체가 있을까요?
   나: 저는 그럴 가능성이 없다고 봅니다. 생명체가 있다는 주장은 _____. 영화나 소설 속 이야기입니다.

5) 가: 로봇이 점점 사람의 일을 대신하게 되면 사람이 할 일이 없어지지 않을까요?
   나: 그래도 로봇은 _____. 전기나 배터리가 없으면 일을 할 수 없지요.

우주 space   생명체 organism

문법과 표현 4 명을 통해(서)

1. 바르게 연결하고 대화를 완성해 보세요.

   1) 전시회 •   • 우승자가 결정되다
   2) 통계 자료 •   • 한국어에 관심을 갖게 되다
   3) 한국 드라마 •   • 작가의 작품을 세상에 알리게 되다
   4) 시청자의 투표 •   • 다양한 사회 현상을 이해할 수 있다

   1) 가: 한정섭 작가의 작품은 대중들에게 잘 알려지지 않았는데요. 전시회를 열게 된 소감을 한 말씀 부탁드립니다.
      나: 네. <u>전시회를 통해(서) 작가의 작품을 세상에 알리게 돼서</u> 매우 기쁩니다.

   2) 가: 조사를 하게 되면 비용과 시간이 많이 드는데요. 그런데도 통계 자료를 수집하는 이유는 무엇입니까?
      나: _____ 때문입니다.

   3) 가: 한국어에 관심을 갖게 된 계기가 있으십니까?
      나: _____.

   4) 가: 이번 오디션 프로그램에 대한 시청자 여러분의 관심이 매우 뜨겁습니다. 오디션의 우승자는 어떻게 정해집니까?
      나: _____.

2. 문장을 바꿔 보세요.

   1) SNS를 이용하면 세계 여러 나라의 사람들과 소통할 수 있다.
      → <u>SNS를 통해(서) 세계 여러 나라의 사람들과 소통할 수 있다</u>.

투표 vote   현상 phenomena   대중 public   수집하다 to collect

2) 아르바이트를 하면서 다양한 사람들을 만나고 경험도 쌓을 수 있었다.
→ _____ .

3) 그 대학교에서는 입학시험과 면접을 보고 그 결과를 이용해서 신입생을 뽑는다고 한다.
→ _____ .

4) 사람은 성공하고 실패하면서 많은 것을 배우게 된다.
→ _____ .

5) 사회 문제에 대한 토론을 하면서 사고력과 설득력을 기르게 되었다.
→ _____ .

6) 한국어 수업을 들으면서 한국 문화와 한국 역사에 관심을 가지게 되었다.
→ _____ .

3. 친구와 이야기해 보세요.

- 한국에 대해 어떻게 알게 되었습니까? (한국 친구, 인터넷, 뉴스…)
- 고향에 있는 부모님, 친구들과는 어떻게 연락합니까? (SNS, 이메일…)
- 한국에서 어떤 경험을 했습니까? 어떤 것을 느끼고 배웠습니까? (여행, 아르바이트, 동아리 활동…)
- 앞으로 더 배우고 싶은 것이 있습니까? (한국 문화, 역사…)

> 저는 처음에는 한국 드라마를 통해 한국에 대해 알게 되었습니다. 인터넷과 SNS를 통해 다양한 한국 문화를 접하게 되었고, 결국 한국어를 배우러 한국에 오게 되었습니다. 고향에 계시는 부모님이 그리울 때도 있지만 그럴 때는 영상 통화를 통해 그리움을 달랩니다.
> 한국에서 저는 다양한 경험을 했습니다. 아르바이트를 통해 다양한 한국 사람을 만나고 여행을 통해 한국의 문화를 더 깊이 알게 되었습니다. 앞으로 저는 한국 역사 공부를 통해 한국의 역사에 대해 더 알아보고 싶습니다.

사고력 thinking skills

8

대중문화 Pop Culture

8-1 스타와 대중문화
8-2 대중문화의 영향

8-1	어휘	기분 ②, 유명인의 근황
	문법과 표현	동형-을 리(가) 없다, 명일 리(가) 없다
		명만 못하다
8-2	어휘	스타의 영향, '무-'
	문법과 표현	동-은 채(로)
		동-는다 싶다, 형-다 싶다, 명이다 싶다

어휘 Vocabulary

1. 알맞은 말을 골라서 대화를 완성해 보세요.

> 꿈만 같다　　　심장이 터질 것 같다　　　실감이 나다
> 숨이 멎는 줄 알다　　　믿기지 않다　　　(실감이 안 나다)

1) 가: 어제 배우 박연희의 팬사인회에 갔다 왔다면서?
   나: 응. 같이 사진도 찍었는데 내가 그 사람과 사진을 찍었다는 게 아직도 <u>실감이 안 나</u>.

2) 가: 말하기 대회에서 차분하게 잘하더라.
   나: 아니야. 나는 내가 무슨 말을 했는지 기억도 안 나.
   　　발표할 때 너무 긴장되고 어찌나 떨리는지 _____.

3) 가: 어젯밤에 집에 가는데 갑자기 누가 뒤에서 내 어깨를 잡아서 _____.
   나: 놀랐겠다. 무슨 일이었는데?
   가: 내가 지갑을 떨어뜨려서 알려 주려고 한 건데 아무 생각 없이 가다가 정말 놀랐어.

4) 가: 최고인기가수상 받으신 것을 축하드립니다.
   나: 감사합니다. 작년까지만 해도 화면으로 시상식을 봤는데 시상식에 참석해서 이렇게 큰 상을 받았다는
   　　것이 _____.

5) 가: 한국에 와서 한 달 정도 지내 보니까 어때요?
   나: 처음에는 정신이 없었는데 길에서 한국어로 된 간판을 보면 내가 한국에 왔다는 게
   　　_____.

6) 가: 그 영화배우가 결혼해서 초등학생 아이가 있대.
   나: 진짜? 정말 젊어 보인다. 벌써 아이가 초등학생이라는 게 _____.

2. 어울리는 표현을 찾아서 연결해 보세요.

1) 김동주 작가가 이번에 발표한 소설이 많은 사랑을 받아서 소설 판매량 1위를 차지했습니다. • • 드라마에 출연하다

2) 가수 김빈이 새로운 노래를 발표했습니다. 인터넷에 먼저 음원을 발표했고 오프라인에서도 다음 주부터 구입할 수 있다고 합니다. • • 인기를 끌다

3) 신인 배우 연사랑 씨가 '내일은 판매왕'이라는 작품으로 주말마다 시청자를 만나게 되었습니다. • • 새 앨범을 내다

4) 마라톤 선수 이주봉 씨가 올해의 운동선수상을 받았습니다. 이주봉 선수는 훈련이 없을 때는 남몰래 봉사 활동을 해 왔다고 합니다. • • 수상하다

5) 지금까지 자상한 아버지 역할을 주로 연기하던 배우 최일섭 씨는 이번 영화에서 주인공을 괴롭히는 나쁜 경찰로 나옵니다. • • 주목을 받다

6) 프로게이머 임진호 선수가 올해 7월까지 열린 5개의 대회에서 전부 우승했습니다. 이는 신인 선수 중에서는 가장 오래 유지한 무패 기록으로 많은 팬들이 임진호 선수의 다음 대회를 지켜보고 있습니다. • • 역할을 맡다

남몰래 secretly   자상하다 to be thoughtful   무패 undefeated

문법과 표현 1 동/형-을 리(가) 없다, 명일 리(가) 없다

1. 대화를 완성해 보세요.

1) 가: 지난번에 소개팅한 사람이랑 보려고 '하얀 꽃'이라는 영화를 예매했는데 재미없으면 어쩌지?
   나: 걱정 마. 평점이 제일 높은 영화니까 <u>재미없을 리가 없어</u>.

2) 가: 왜 이렇게 속이 거북하지? 식욕도 없고…. 아침밥을 못 먹을 것 같아.
   나: 어젯밤에 그렇게 야식을 많이 먹었는데 _____.

3) 가: 물어볼 게 있어서 사무실에 전화를 했는데 계속 연결이 안 돼요.
   나: 지금 점심시간이니까 _____.

4) 가: 저 남자 좀 봐요. 춤도 잘 추고 노래도 잘 부르는데요. 아이돌 가수인가 봐요.
   나: 에이, 무슨 소리예요? 마흔 살이 넘어 보이는데 _____.

5) 가: 현우 씨가 사기꾼이래요. 전에 배우 서지은이랑 사귄다고 했잖아요. 그것도 다 거짓말이래요.
   나: 그 말이 _____. 나한테 같이 찍은 사진도 보여 줬단 말이에요.

6) 가: 이번 주에 시험 준비하느라 힘들었어. 시험 끝나면 좀 여유가 생기겠지?
   나: 아니. 아까 교수님께 들었는데 다음 주에는 발표도 있고 과제도 있대.
   그러니까 _____.

사기꾼 con artist

2. 대화를 완성해 보세요.

1) 가: 와, 300쪽이나 되는 책을 벌써 다 읽은 거야? 어제랑 다른 책을 읽고 읽네.
   나: 그렇게 두꺼운 책을 다 읽었을 리가 있겠어 ? 읽어도 읽어도 이해가 안 돼서 포기하고 다른 거 보고 있어.

2) 가: 어제 가수 김빈의 새 앨범이 나왔다면서? 샀어?
   나: 내가 김빈 팬클럽 회원인데 _____? 노래도 벌써 여러 번 들었는걸.

3) 가: 해인 씨가 밤에 운전하다가 사고를 냈다더라고요.
   나: 운전면허도 없는 해인 씨가 _____? 네가 잘못 들은 거 아니야?

4) 가: 자밀라 씨가 작년에 대학을 졸업했대. 올해 대학원에 가려고 한다던데?
   나: 자밀라 씨가 스무 살이라고 들었는데 _____? 대학교에 간다는 말을 잘못 들은 거겠지.

5) 가: 제이슨 씨가 한국어 시험 6급에 합격했대요.
   나: 제이슨 씨는 한국어 1급을 공부하고 있는데 _____?

6) 가: 너무 머리가 아파서 약국에 약을 사러 갔는데 아직 문을 안 열었더라고요.
   나: 지금 아침 7시밖에 안 되었는데 _____? 조금 후에 다시 가 보세요.

3. 믿을 수 없는 일에 대해 이야기해 보세요.

요리 수업 한 달 받고 요리사 돼

서울에서 부산까지 가는 데 10분 걸려

100원짜리 컴퓨터 출시돼

모든 외국인 유학생에게 장학금 지급

그 얘기 들었어요? 수지 씨가 한 달 전에 요리를 배우기 시작했는데 이번에 요리사 시험에 합격했대요.

말도 안 돼요. 요리 배운 지 한 달밖에 안 됐는데 시험에 합격했을리가 없어요.

문법과 표현 2 — 명만 못하다

1. 그림을 보고 대화를 완성해 보세요.

1)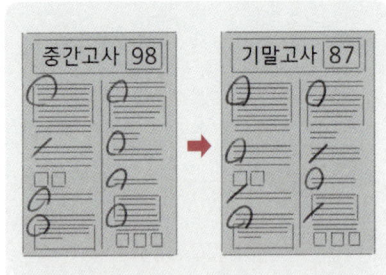

가: 기말시험을 잘 봤어요?
나: 모르는 게 좀 많아서 잘 못 봤어요. 기말 시험 점수가 <u>중간 시험 점수만 못해요</u>.

2)

	100m 남자 결승	
1	무하마드 (카타르)	9.36
2	막심 (헝가리)	9.69
3	웨이동 (중국)	9.80
4	요한슨 (노르웨이)	9.83
5	응고롱고 (콩고)	9.97
6	김민우 (대한민국)	10.11

가: 이번에 육상 100m 결승전에 나간 김민우 선수의 기록이 나왔어요?
나: 다른 나라 선수들의 _____.
결승전에 나간 것만 해도 잘한 거라고 생각해요.

3)

관광객 수 (단위: 만 명)

가: 올해는 한국을 방문한 관광객 수가 작년보다 적은 것 같아요.
나: 올해는 세계적으로 경제가 좋지 않아서 관광객 수가 _____.

4)

가: 한국에서 살아 보니까 어때요?
나: 다른 것도 좋지만 교통이 참 편리한 것 같아요. 특히 지하철이 마음에 들어요. 버스도 좋지만 출퇴근 시간에는 길이 많이 막혀서 버스가 _____.

5)

내일은 챔피언 하얀 꽃
평점: ★★★(3) 평점: ★★★★(4)

가: 무슨 영화 볼까? '내일은 챔피언' 어때?
나: '내일은 챔피언'은 영화 평점이 _____
'하얀 꽃'을 보는 게 어때?

2. 대화를 완성해 보세요.

1) 가: 이사하면서 친구랑 같이 살게 됐지? 친구랑 같이 살아 보니까 어때?
   나: 친구랑 생활 습관이 달라서 같이 사는 것이 <u>혼자 살 때만 못해</u>.

2) 가: 최근에 본 영화 중에 기대했던 것보다 별로였던 영화가 있어요?
   나: '보물섬'이라는 영화에 유명한 배우들이 많이 나왔는데 배우들의 연기가 ＿＿＿＿＿＿＿＿.

3) 가: 한국식당에 다녀왔다면서요? 소문처럼 음식이 맛있었어요?
   나: 글쎄요. 한 시간이나 줄 서서 기다린 후에 음식을 먹었는데 맛이 ＿＿＿＿＿＿＿＿.

4) 가: 주말에 친구들을 다섯 명 초대했는데 음식을 얼마나 준비하면 될까?
   나: 6~7인분 정도 준비하는 게 어때? 음식이 부족하면 ＿＿＿＿＿＿＿＿.
   음식이 남으면 다음 날 먹어도 되니까.

5) 가: 어제 뮤지컬 '경복궁의 봄'을 보고 왔는데 정말 감동적이었어요. 작년에 뮤지컬대상을 괜히 받은 게 아닌 것 같아요.
   나: 저는 소문만 듣고 아직 못 봤는데 한번 보러 가야겠어요.
   역시 공연은 백 번 듣는 게 한 번 가서 ＿＿＿＿＿＿＿＿.

3. 친구와 이야기해 보세요.

- 옛날과 비교해서 더 안 좋아진 것이 있습니까?
- 기대했는데 재미가 없었던 것은 무엇이었습니까?
- 잘하려고 한 일의 결과가 나빴던 적이 있습니까?
- 작년과 올해를 비교했을 때 작년이 더 나은 것은 무엇입니까?

> 옛날과 비교해서 더 안 좋아진 것이 있습니까?

> 전에는 밤을 새워도 괜찮았는데 이제는 힘들어요. 체력이 예전만 못한 것 같아요.

어휘 Vocabulary

1. 어울리는 표현을 찾아서 연결해 보세요.

1) 좋아하는 가수가 팬들을 위해 귀여운 표정을 짓는 영상을 올렸다. 영상을 볼 때마다 기분이 좋아져서 계속 보게 된다.

2) 유명한 창작자들이 광고하는 상품이 사람들에게 인기를 끌고 이들의 옷차림을 따라 하는 사람도 늘고 있다.

3) 최근의 팬클럽은 앨범을 사고 콘서트에 가는 것뿐만 아니라 가수의 이름을 알리고 이미지를 개선하는 등의 활동을 해 가수에게 미치는 영향이 크다.

4) 운전면허 시험에서 세 번이나 떨어졌다. 포기할까 했는데 친구가 할 수 있다고 응원해 줘서 힘내서 다시 한번 도전해 보기로 했다.

5) 수업 중 동영상을 보여 주거나 게임을 하면 학생들이 수업에 집중하게 만들 수 있다.

6) 남자 친구와 헤어지고 나서 힘이 들었다. 게시판에 내 사연을 올렸는데 사람들이 힘내라고 댓글을 달아 줘서 슬픈 마음이 조금 사라졌다.

- 유행을 이끌다
- 즐거움을 얻다
- 위로를 받다
- 학생들의 관심을 끌다
- 영향력이 커지다
- 용기를 얻다

창작자 creator   개선하다 to improve   댓글을 달다 to leave a comment

2. 알맞은 말을 골라서 대화를 완성해 보세요.

| 무의미하다 | 무소식 | 무관심하다 | 무조건 | (무책임하다) |

1) 가: 김민우 씨가 오늘 출근하지 않았는데 연락도 안 됩니다. 조금 후에 거래처와 중요한 회의가 있는데….
   나: 어떻게 그런 __무책임한__ 행동을 할 수 있지요? 다시 연락해 보세요.

2) 가: 요즘 대학생들은 국회 의원 선거에 누가 나오는지도 잘 모른대요. 투표도 잘 안 하고요.
   나: 젊은 사람들은 정치에 _____ 것 같아요.

3) 가: 한국에 와서 부모님께 자주 연락 드려요?
   나: 아니요. 연락을 자주 못 드리지만 걱정하지 않으실 거예요. _____ 희소식이라는 말도 있잖아요.

4) 가: 요즘 아이들은 참을성도 부족하고 자기가 원하는 대로 되지 않으면 짜증도 많이 내요.
   나: 부모님들이 아이가 바라는 것을 _____ 들어 줘서 버릇이 나빠지는 것 같아요.

5) 가: 김민우 씨 때문에 이번 사고가 났으니까 먼저 김민우 씨에게 책임을 물어야 된다고 봅니다.
   나: 지금 누구의 잘못인지를 따지는 것은 _____. 그것보다는 먼저 일을 해결할 방법부터 찾아야 합니다.

3. 친구와 이야기해 보세요.

- 여러분이 힘들거나 포기하고 싶은 일이 생겼을 때 도움이 된 사람이 있습니까?
  (용기를 얻다, 위로를 받다)
- 다른 사람들에게 인기를 끌고 있지만 여러분은 무관심한 일이 있습니까? 그 이유는 무엇입니까?
- 좋아하는 사람의 관심을 끌려면 어떻게 해야 한다고 생각합니까?

> 고등학교를 졸업한 후에 대학교 세 곳에 지원했는데 모두 떨어졌어요. 대학교 진학도 포기하고, 공부도 포기하려고 했어요. 그러다가 한 드라마를 봤는데 드라마 주인공이 어려움을 이겨 내고, 결국 성공한다는 내용이었어요. 그 드라마를 보고 위로를 받았고, 나도 포기하지 말아야겠다고 생각하게 되었어요.

국회 의원 선거 parliamentary election   책임을 묻다 to hold somebody accountable   따지다 to determine

문법과 표현 3 동-은 채(로)

1. 그림을 보고 문장을 완성해 보세요.

1)  어젯밤에 공부를 하다가 <u>안경을 쓴 채로</u> 잠이 들어서 안경이 망가졌다.

2) 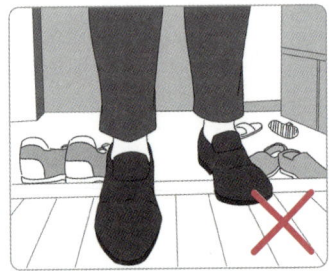 한국에서는 신발을 _____ 집 안에 들어가면 안 된다.

3)  일하느라 너무 피곤해서 화장을 _____ 잠이 들었다.

4)  새벽에 전화가 왔는데 잠이 덜 깨서 _____ 전화를 받았다.

5)  회의 준비 때문에 너무 바빠서 _____ 밥을 먹었다.

2. 대화를 완성해 보세요.

1) 가: 점심 먹으러 가요. 에어컨은 제가 끌게요.
   나: 잠깐 갔다 오는 거니까 에어컨을 켜 놓은 채로 나가는 게 좋겠어요. 그게 더 에너지를 아낄 수 있대요.

2) 가: 아까 요리하고 나서 가스 불 껐지?
   나: 껐는지 안 껐는지 기억이 잘 안 나. 가스 불을 _____ 그냥 나온 거면 어떡하지?

3) 가: 어디서 물 흐르는 소리 나는 것 같지 않아?
   나: 아까 내가 화장실 다녀왔는데 손 씻고 물을 _____ 나왔나 봐. 빨리 가 봐야겠다.

4) 가: 왜 이렇게 눈이 맵지?
   나: 창문을 _____ 요리를 하니까 그렇지. 연기가 심하니까 창문을 열어서 환기 좀 시키자.

5) 가: 콜라 맛이 왜 이렇지?
   나: 내가 아까 병뚜껑을 _____ 식탁 위에 두고 가게에 다녀왔거든. 김이 빠져서 그런가 봐.

3. 여러분에게도 이런 일이 있었습니까? 이야기해 보세요.

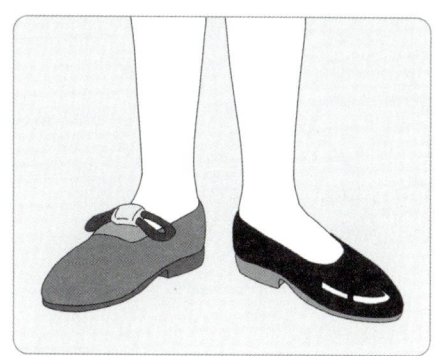

문법과 표현 4 — 동-는다 싶다, 형-다 싶다, 명이다 싶다

1. 그림을 보고 대화를 완성해 보세요.

1)  소변 색깔이 이상한데?

가: 병원에 갔다 왔다면서? 어디가 아파?
나: 아니. 특별히 아픈 건 아닌데 <u>소변 색깔이 이상하다 싶어서</u> 병원에 갔다 왔어.

2)  길이 막히네.

가: 퇴근 시간이라서 늦을 줄 알았는데 일찍 왔네요?
나: 택시를 타고 오다가 _____ 지하철로 갈아타고 왔어요.

3)  마리 씨가 케이크를 잘 만드네.

가: 테오 생일 때 먹을 케이크는 어디에서 살까?
나: 지난번에 보니까 마리 씨가 _____ 하나 만들어 달라고 벌써 부탁해 놨어.

4)  저 가방이 예쁘네.

가: 저 가방이 예쁘다고 했잖아. 그런데 왜 안 사?
나: 처음에는 _____ 들어 보니까 나한테 별로 안 어울리는 것 같았거든.

5)  진정한 친구구나.

가: 드디어 네가 원하던 곳에 취직됐구나. 정말 축하해.
나: 고마워. 그동안 많이 힘들었는데. 내가 힘들 때 옆에 있어 준 너야말로 _____ .

2. 그림을 보고 대화를 완성해 보세요.

1)

나나 씨는 화려한 옷을 자주 입으니까 단순한 디자인의 팔찌가 나나 씨에게 어울릴 것 같아.

가: 생일 선물로 준 팔찌 너무 마음에 들어요. 고마워요.
나: <u>나나 씨한테 어울리겠다 싶어서</u> 샀는데 마음에 든다니 다행이에요.

2)

민우 씨도 오고 자말 씨도 온다고 했으니까…. 내일 사람들이 많이 올 것 같아.

가: 파티 음식을 이렇게 많이 준비했어요? 음식이 남지 않을까요?
나: 지난번에 음식이 모자랐잖아요. _____
이것도 모자랄까 봐 걱정이에요.

3)

지난번 콘서트의 후기도 좋았으니까 이번 콘서트도 재미있을 것 같아.

가: 아야나 씨가 좋아하는 가수의 콘서트가 내일이라고 했지요?
나: 네, 드디어 내일이에요. _____ 많이 기대가 돼요.

4)

한국어는 우리 나라 말이랑 발음도 비슷하고 문법도 비슷해서 배우기 쉬울 것 같아.

가: 여러 외국어 중에서 왜 한국어를 공부하기로 결정했어요?
나: 한국어가 우리 나라 말과 비슷하니까 _____.

5)

주말에 일이 많은데 영화를 볼 수 있을까? 아무래도 못 보겠는데….

가: 주말에 영화 보기로 한 약속 잊지 않았지?
나: 미안해. 아무래도 주말에 일을 해야 할 것 같아서 _____.

9

스포츠의 세계 World of Sports

9-1 흥미진진한 경기

9-2 경기와 규칙

9-1	어휘	승부와 결과, 운동 경기의 내용
	문법과 표현	동-으나 마나
		동-기는 틀렸다
9-2	어휘	경기 방법, 경기 규칙
	문법과 표현	명으로(서)
		동형-으나, 명이나

어휘 Vocabulary

1. 알맞은 말을 골라서 대화를 완성해 보세요.

> 승부가 나다　　　　비기다　　　　역전하다　　　　탈락하다
> 결승전에 진출하다　　　연장전을 하다　　　(무승부로 끝나다)

1) 가: 경기 결과는 어떻게 됐어요? 이겼어요?
   나: 아니요. 연장전까지 __무승부로 끝나서__ 지금 승부차기를 하려고 준비하는 중이에요.

2) 가: 경기 시간이 30초밖에 안 남았네. 이번 경기는 진 것 같아.
   나: 아니야. 저 1번 선수가 아까처럼 3점짜리 골 하나만 넣으면 _____ 수 있어. 우리 팀이 공격할 차례니까 30초면 충분해.

3) 가: 민우 씨 형하고 민우 씨 중에 누가 더 바둑을 잘 둬요?
   나: 형하고 저는 바둑 실력이 비슷해서 바둑을 둘 때마다 쉽게 _____ 않아요.

4) 가: 누가 점심값 낼지 가위바위보로 결정하자. 가위, 바위, 보!
   나: 나도 바위, 너도 바위. _____ 다시 하자.

5) 가: 축구 결승전에서 전반전과 후반전이 끝났는데도 두 팀의 점수가 같으면 어떻게 해요?
   나: 그럴 때에는 _____.

6) 가: 우리가 이겼어요. 다음 경기에서 이기면 금메달이에요!
   나: 야구에서 우리 팀이 _____ 줄 몰랐어요. 마지막 경기에서도 우리 팀이 이기면 좋겠어요.

7) 가: 박재훈 선수가 수영 100m 예선에서 _____?
   나: 네. 저도 믿을 수가 없어요. 우승 후보로 손꼽히던 박재훈 선수가 예선에서 떨어지다니….

승부차기 penalty shoot-out　　바둑 (the game of) go

2. 어울리는 표현을 찾아서 연결해 보세요.

1) 건물에 불이 나서 비상벨이 울렸다. 건물 안에 있던 사람들은 어떻게 해야 할지 몰라서 이리저리 뛰어다녔다. • • 정정당당한 경기

2) 올림픽 경기를 하기 전에 모든 선수들은 경기에서 규칙을 어기거나 다른 선수들을 다치게 하는 행동은 하지 않기로 선서했다. • • 고만고만한 아이들

3) 놀이터에는 여섯 살, 일곱 살쯤 되어 보이는 아이들이 여러 명 모여 신나게 놀고 있었다. • • 아슬아슬한 상황

4) 상대 팀이 찬 공이 우리 팀 골대에 맞았을 때 응원하던 친구들은 모두 공이 들어간 줄 알고 깜짝 놀랐다. • • 흥미진진한 책

5) 서점에서 오랜만에 소설책을 샀는데 너무 재미있어서 다 읽을 때까지 손에서 놓을 수가 없었다. • • 우왕좌왕하는 사람들

3. 친구와 이야기해 보세요.

- 여러분이 좋아하는 스포츠 경기는 무엇입니까?
- 여러분이 가장 흥미진진하게 본 경기는 무엇입니까?
- 그 경기에서 승부는 어떻게 됐습니까?
- 만약 여러분이 응원하는 선수나 팀이 이겼다면/졌다면 그 이유는 무엇입니까?

제가 가장 좋아하는 스포츠 경기는 쇼트 트랙입니다. 지난번 동계 올림픽 여자 단체 결승전을 정말 흥미진진하게 봤습니다. 우리 팀 선수들이 결승선까지 한 바퀴 남았을 때 세 번째로 가고 있었는데 반 바퀴를 남겨두고 첫 번째 선수 바로 뒤까지 따라잡았습니다. 결국 결승선에서 발을 앞으로 쭉 내밀어서 아슬아슬하게 1등을 차지했습니다. 마지막 선수의 실력 덕분에 승리했다고 생각합니다.

비상벨 emergency bell　　이리저리 here and there　　선서하다 to take an oath　　놀이터 playground　　바퀴 lap
쭉 내밀다 to stretch out

문법과 표현 1 동-으나 마나

1. 대화를 완성해 보세요.

   1) 가: 배고파요? 과자가 한 개 있는데 이거라도 드릴까요?
      나: 아니요. 고맙지만 너무 배가 고파서 <u>먹으나 마나일 것 같아요</u>.

   2) 가: 요리를 하면서 옷이 많이 더러워졌네요. 갈아입지 그래요?
      나: 이따가 또 음식을 만들어야 돼서 _____. 다시 더러워질 텐데요, 뭐.

   3) 가: 자꾸 졸리네. 커피라도 한 잔 마실까?
      나: 커피를 _____. 난 졸릴 때 커피를 마셔도 별 차이가 없더라고.

   4) 가: 아까 집 정리를 했다고 하지 않았어요? 청소한 거 맞아요?
      나: 청소했죠. 했는데 아이들이 있으면 금방 엉망이 돼요. 그래서 _____.

   5) 가: 민우 씨도 이번 파티에 초대했어요?
      나: 민우 씨가 요즘 너무 바빠서 집에도 자주 못 간대요. 그래서 민우 씨는 _____.

   6) 가: 이 문이 왜 고장이 났어요?
      나: 제가 이렇게 '당기세요'라고 써 놓았는데 사람들이 계속 밀어서 고장이 났어요.
      가: 그렇게 작은 글씨면 _____. 눈에 띄는 색으로 크게 써 보세요.

2. 대화를 완성해 보세요.

1) 가: 이 음식 한번 먹어 보세요.
   나: <u>먹어 보나 마나 매울 것 같아요</u>. 전 매운 건 못 먹어요.

2) 가: 내일이 시험인데 준비를 하나도 안 했어. 시험을 _____.
   나: 다음에 열심히 해서 합격하면 되지.

3) 가: 민우 씨한테도 여행을 같이 가자고 말해 볼까?
   나: 민우 씨가 요즘 시험 준비한다고 주말에도 도서관에 다니더라고.
   _____.

4) 가: 이웃집 사람이 너무 시끄러워서 힘들어요. 메모를 써 놓았는데도 해결이 안 돼요. 직접 만나서 이야기를 해 볼까요?
   나: 메모를 썼는데도 해결이 안 됐으면 _____.
   그러지 말고 집주인에게 이야기해 보세요.

5) 가: 내일 아침 9시부터 김빈의 콘서트를 인터넷으로 예약할 수 있대. 나도 집에서 컴퓨터 켜고 기다려야겠어.
   나: 그 가수는 인기가 많아서 _____.

3. 예측할 수 있는 일에 대해 이야기해 보세요.

- 맛보지 않아도 맛을 알 수 있는 음식/음료
- 안을 보지 않아도 뭐가 들어 있는지 알 수 있는 가방/상자
- 여러 번 했지만 소용없었던 일/효과가 없었던 일

저 아이스크림은 무슨 맛일까요?

갈색이니까 먹어 보나 마나 초콜릿 맛일 거예요.

문법과 표현 2   동-기는 틀렸다

1. 대화를 완성해 보세요.

1) 가: 영화가 6시에 시작하는 거 알지? 10분밖에 안 남았는데 너 지금 어디야?
   나: 차가 너무 막혀서 6시까지 <u>도착하기는 틀린 것 같아</u>. 너 먼저 들어가서 봐.

2) 가: 좀 늦게 왔더니 줄이 너무 길다. 끝이 안 보일 정도야.
   나: 점심시간이 얼마 안 남았는데 여기서 점심을 _____. 다른 데로 가자.

3) 가: 시험 잘 봤지요? 이번에도 장학금 받는 거 아니에요?
   나: 이번에 몸이 안 좋아서 시험을 망쳤어요. 장학금을 _____.

4) 가: 벌써 6시네요. 오늘 작업을 다 끝내려고 했는데….
   나: 오늘 다 _____. 일단 퇴근하고 내일 아침에 다시 시작합시다.

5) 가: 새 컴퓨터를 산다고 커피도 안 마시고 옷도 안 사더니 돈 많이 모았어요?
   나: 글쎄요. 자꾸 돈 쓸 일이 생기네요. _____.

6) 가: 우리도 고양이 키워 볼까? 친구가 고향에 돌아가는데 키우던 고양이 때문에 고민이라더라고.
   나: 나도 고양이 좋아하는데 고양이 털 알레르기가 있어.
   가: 그럼 고양이를 _____. 아쉽지만 할 수 없지, 뭐.

2. 대화를 완성해 보세요.

1) 가: 음식을 너무 많이 시켰나 봐요. 반도 못 먹겠어요.
   나: 저도 너무 배불러서 음식을 <u>더 먹기는 틀린 것 같아요</u>. 남은 건 싸 달라고 할까요?

2) 가: 밖이 왜 이렇게 시끄럽지요? 내일이 시험이라서 공부해야 하는데….
   나: 그러게 말이에요. 여기서 _____. 장소를 다른 곳으로 옮겨 볼까요?

3) 가: 자격증을 딸 거라고 했지요? 준비는 잘되고 있어요?
   나: 요즘 아르바이트하느라 전혀 준비를 못 했어요. 이번에 자격증을 _____.

4) 가: 이거 한번 먹어 보세요. 제가 만든 치즈케이크예요.
   나: 맛있어 보이네요. 오늘부터 다이어트를 시작하려고 했는데 오늘도 _____.
      내일부터 하면 되죠, 뭐.

5) 가: 교수님이 읽으라고 한 책 다 읽었어요? 내일 아침에 그 책 내용으로 퀴즈를 본다고 하셨잖아요.
   나: 내용이 많아서 내일 아침까지 _____. 그냥 포기할래요.

6) 가: 우리 팀 선수들이 오늘 몸 상태가 좋지 않은 것 같아요. 우왕좌왕하기만 하고 골을 전혀 못 넣네요.
   나: 그러게 말이에요. 오늘 경기에서 꼭 이겨야 결승전에 진출할 수 있는데 경기 시간이 5분밖에 안 남았어요.
      _____.

3. 부정적인 결과가 예상되는 일에 대해 이야기해 보세요.

- 선착순으로 판매하는 휴대폰을 사려고 했는데 줄이 너무 길 때
- 해외여행을 가고 싶은데 휴가 기간이 너무 짧을 때
- 여행지를 정해야 하는데 친구들 의견이 다 다르고 의견이 모아지지 않을 때
- 대회에 나가려고 연습해도 수영 실력이 전혀 늘지 않을 때

> 휴대폰을 사려는 사람들이 너무 많네요. 우리 이거 살 수 있을까요?

> 휴대폰을 사기는 틀린 것 같아요. 다른 곳에 가 보거나 포기해야 될 것 같은데요.

어휘 Vocabulary

1. 어울리는 표현을 찾아서 연결해 보세요.

1) 우리 편 골키퍼가 오늘 정말 잘했어. 상대편이 골을 많이 넣을 줄 알았는데 골키퍼 덕분에 한 골도 못 넣었잖아. • • 득점을 하다

2) 스키와 스피드 스케이팅은 선수들이 결승선을 통과한 시간을 재서 가장 빨리 결승선에 들어온 선수가 1등을 합니다. • • 점수를 매기다

3) 권투는 상대 선수를 때려서 승부를 내는 경기입니다. • • 공격을 막다

4) 경기가 끝나기 5분 전에 우리 팀이 3점짜리 골을 넣어서 점수를 얻을 수 있었어. • • 공격하다

5) 리듬 체조는 기술이 뛰어나고 연기를 잘한 선수에게 심판이 높은 점수를 줍니다. • • 기록을 측정하다

2. 알맞은 말을 골라서 대화를 완성해 보세요.

> 규칙을 지키다   반칙을 하다   경고를 받다
> 퇴장을 당하다   선을 밟다   그물(네트)에 닿다

1)

가: 오늘 배구 경기에서 김민우 선수가 점프했다가 내려올 때 팔이 그물에 닿아서 실점을 했는데 아쉽더라고요.
나: 저도 봤어요. 정말 아슬아슬한 경기였는데 그것 때문에 져서 아쉬웠어요.

2)

가: 지금 무슨 상황이에요? 심판이 왜 빨간색 카드를 꺼냈어요?
나: 저 선수가 방금 상대 팀 선수를 밀었어요. 아까도 똑같은 행동을 해서 경고를 받았거든요.
또 그래서 지금 _____ 거예요.

3)

가: 우리 팀이 공격할 차례 아니에요? 왜 상대 팀이 공격을 하지요?
나: 농구에서는 제일 바깥에 있는 _____ 안 되거든요.
방금 우리 팀 선수가 _____ 것 같아요.

4)

가: 아까 사장님이 뭐라고 하셨어요? 화가 많이 나신 것 같던데요.
나: 제가 이번 달에 벌써 다섯 번이나 지각을 했거든요.
사장님한테서 한 번만 더 지각을 하면 해고하겠다는
_____ 기분이 안 좋아요.

5)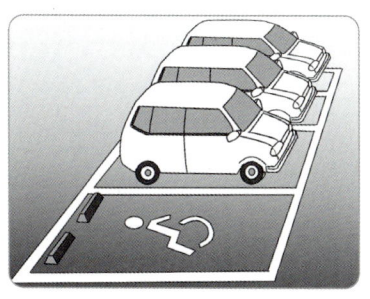

가: 주차할 자리가 없네요. 잠깐인데 장애인 주차 구역에 차를 세울까요?
나: 여기는 장애인을 위한 자리라서 일반 자동차는 차를 세우면 안 돼요. 보는 사람이 없어도 _____ 해요.

문법과 표현 3 - 명 으로(서)

1. **문장을 바꿔 보세요.**

   1) 우리는 학생이다. 그래서 성실하게 과제를 해야 한다.
      → 우리는 __학생으로서__ 성실하게 과제를 해야 한다.

   2) 나는 기자이다. 그래서 나는 사회 문제를 사람들에게 알리기 위해 최선을 다하고 있다.
      → 나는 _____ 사회 문제를 사람들에게 알리기 위해 최선을 다하고 있다.

   3) 우리는 가족이다. 그래서 우리는 네가 잘못하는 것을 모르는 척할 수가 없다.
      → 우리는 _____ 네가 잘못하는 것을 모르는 척할 수가 없다.

   4) 나는 한국에 거주하는 가나 사람이다. 그래서 나는 가나의 문화를 한국인들에게 알리기 위해 노력하고 있다.
      → 나는 _____ 가나의 문화를 한국인들에게 알리기 위해 노력하고 있다.

   5) 우리는 인기 가수 김빈의 팬클럽 회원이다. 그래서 우리는 사람들이 김빈의 가짜 소문에 대해 떠드는 것을 참을 수 없다.
      → 우리는 _____ 사람들이 김빈의 가짜 소문에 대해 떠드는 것을 참을 수 없다.

   6) 에릭은 우리 축구팀의 주장이다. 그래서 에릭은 책임감과 리더십을 가지려고 노력하고 있다고 한다.
      → 에릭은 _____ 책임감과 리더십을 가지려고 노력하고 있다고 한다.

2. **바르게 연결하고 대화를 완성해 보세요.**

1) 설	• 한국의 전통 민요이다	• 떡국을 먹고 어른들께 세배를 하는 풍습이 있다.
2) 태권도	• 한국의 대표적인 명절이다	• 쌀가루로 만든 반죽 안에 밤, 콩 등의 재료를 넣어 만든 음식이다.
3) 전주	• 떡의 한 종류이다	• 상대방의 공격에 손과 발을 사용해 자신을 보호하는 무술이다.
4) 송편	• 한국의 전통 스포츠이다	• 한옥마을과 비빔밥으로 유명하다.
5) 아리랑	• 전라북도에 있는 도시이다	• 지역마다 멜로디에 조금씩 차이가 있지만 가사에 아리랑이 들어간다는 공통점이 있다.

 거주하다 to reside   반죽 dough   전라북도 Jeollabuk-do

1) 외국인 학생: 다음 주에 설 연휴가 있다고 들었는데 설은 어떤 날입니까?
   교수: 설은 한국의 대표적인 명절로서 떡국을 먹고 어른들께 세배를 하는 풍습이 있습니다.

2) 리포터: 오늘은 태권도에 대해 알아보겠습니다. 선생님, 태권도는 어떤 운동인가요?
   전문가: 태권도는 _____.

3) 사회자: 김나나 리포터, 오늘은 전주에 대해 소개해 주신다면서요?
   리포터: 네, 그렇습니다. 전주는 _____.

4) 진행자: 오늘은 대표적인 명절 음식인 송편을 만들어 보도록 하겠습니다. 선생님, 송편은 어떤 음식인가요?
   요리연구가: 송편은 _____.
   추석 때 새로 나온 쌀과 곡식으로 조상들께 감사하는 마음을 담아 만들었습니다.

5) 리포터: 오늘은 판소리 명창이신 김병인 선생님을 모시고 아리랑을 한번 배워 보도록 하겠습니다. 선생님, 아리랑에 대해 잘 모르시는 분들을 위해 간단히 설명을 해 주시겠어요?
   판소리 명창: 아리랑은 _____.

3. 여러분 나라의 대표적인 것에 대해 소개해 보세요.

- 우리 고향의 명절
- 우리 고향의 유명한 노래
- 우리 고향의 명소
- 우리 고향의 대표적인 동물
- 우리 고향에서 인기 있는 스포츠

> 우리 나라에도 한국의 추석과 비슷한 오봉이라는 명절이 있습니다. 오봉은 일본의 전통 명절로서 지역마다 기간은 약간씩 다르지만 조상의 영혼을 모신다는 점에서는 공통점이 있습니다. 오봉 기간에는 사람들이 모여서 춤을 추는 '봉오도리'라는 민속 행사를 합니다.

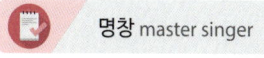
명창 master singer

문법과 표현 4 동형-으나, 명이나

1. 바르게 연결하고 문장을 완성해 보세요.

1) 부산 팀에 소속되어 있는 김바다 선수는 지난해 성적이 좋았다.	• 경제가 좋아지면 자동차처럼 가격이 비싼 물건들이 상대적으로 잘 팔린다.
2) 재택근무를 하는 사람이 증가하면서 출근 스트레스가 줄었다고 한다.	• 올해는 부상으로 경기에 출전하지 못하고 있다.
3) 환경 보호와 관련된 새로운 정책들이 어떤 결과를 가져올지 알 수 없다.	• 지금은 결혼은 개인이 선택할 수 있는 문제라고 생각하는 사람들이 많아졌다.
4) 옛날에는 결혼은 당연히 해야 하는 것이라고 생각하는 사람들이 많았다.	• 시민들의 적극적인 협조가 좋은 결과를 가지고 올 것이라는 것은 확실하다.
5) 경제가 나빠지면 립스틱, 넥타이처럼 가격이 저렴하면서 기분전환에 도움이 되는 물건들이 많이 팔린다.	• 온라인 근무 환경 때문에 그동안 보이지 않던 다양한 형태의 직장 내 문제가 드러나고 있다.

1) 부산 팀에 소속되어 있는 김바다 선수는 지난해 성적이 좋았으나 올해는 부상으로 경기에 출전하지 못하고 있다 .

2) _____

3) _____

4) _____

5) _____

 소속되다 to belong to   재택근무 work from home (WFH)   협조 cooperation

2. 그림을 보고 문장을 완성해 보세요.

1) 중부 지방과 남부 지방의 내일 날씨
내일 중부 지방은 대체로 맑겠으나 남부 지방은 비가 올 것이다.

2) 가솔린 차와 전기 차 판매량
_____.

3) 1인당 쌀 소비량과 가공밥 판매량
_____.

4) 대중문화를 즐기는 방법의 변화
_____.

5) 한국의 65세 이상 인구 비율
_____.

3. 친구와 이야기해 보세요.

- 한국 생활의 장점과 단점
- 외식을 할 때의 장점과 단점
- 패키지 여행을 할 때의 장점과 단점
- 스마트폰을 사용할 때의 장점과 단점

서울은 대중교통이 잘 되어 있어서 차가 없어도 어디든지 갈 수 있으나 출퇴근 시간에는 버스나 지하철에 사람이 너무 많아서 조금 불편할 때가 있습니다.

 가솔린 차 gas(oline) car   전기 차 electric car   인구 population

복습 3

말하기 Speaking

1. 어휘의 의미를 설명해 보세요.

7단원

대상 ☐	응답하다 ☐	과반수 ☐	절반 ☐
조사하다 ☐	순 ☐	미만 ☐	1/3 ☐
차지하다 ☐	나타나다 ☐	이상/이하 ☐	

늘어나다/줄어들다 ☐	인상하다/인하하다 ☐	경쟁률 ☐	확률 ☐
증가하다/감소하다 ☐	늘리다/줄이다 ☐	비율 ☐	환율 ☐
오르다/내리다 ☐		취업률 ☐	

8단원

꿈만 같다 ☐	실감이 안 나다/나다 ☐	수상하다 ☐	작품에 출연하다 ☐
믿기지 않다 ☐	심장이 터질 것 같다 ☐	인기를 끌다 ☐	역할을 맡다 ☐
숨이 멎다 ☐		주목을 받다 ☐	팀을 옮기다 ☐
		무대에 서다 ☐	새 앨범을 내다 ☐

위로를 받다 ☐	영향력이 커지다 ☐	무소식 ☐	무관심하다 ☐
용기를 얻다 ☐	관심을 끌다 ☐	무조건 ☐	무의미하다 ☐
즐거움을 얻다 ☐	유행을 이끌다 ☐		무책임하다 ☐

9단원

승부가 나다 ☐	연장전을 하다 ☐	정정당당하다 ☐	우왕좌왕하다 ☐
비기다 ☐	결승전에 진출하다 ☐	아슬아슬하다 ☐	고만고만하다 ☐
무승부로 끝나다 ☐	예선에서 탈락하다 ☐	흥미진진하다 ☐	
역전하다 ☐			

득점하다 ☐	기록을 측정하다 ☐	규칙을 지키다 ☐	퇴장을 당하다 ☐
실점하다 ☐	기록을 비교하다 ☐	반칙을 하다 ☐	선을 밟다 ☐
공격하다 ☐	점수를 매기다 ☐	경고를 주다/받다 ☐	그물(네트)에 닿다 ☐
공격을 막다/수비하다 ☐			

2. 어휘를 사용해서 이야기해 보세요.

1) 다음에 대해 이야기해 보세요.

> • 우리 반에서 안경을 쓴 사람의 비율은 어떻게 됩니까?
> • 여러분 나라에서 취업률이 높은 전공은 무엇입니까?
> • 오늘의 환율을 알아보세요. 1,000원을 여러분 나라 돈으로 바꾸려면 얼마가 듭니까? 일주일 전과 비교하면 환율이 올랐습니까, 내렸습니까?

2) 여러분이 좋아하는 스타에 대해서 이야기해 보세요.

> • 언제 데뷔했고, 언제부터 주목을 받았습니까?
> • 최근에 그 스타에게 어떤 일이 있었습니까?
> • 여러분은 그 스타를 직접 만난 적이 있습니까? 그때 기분이 어땠습니까? 만난 적이 없다면, 그 스타를 만나면 어떤 기분을 느낄 것 같습니까?

3) 여러분이 좋아하는 운동 경기의 규칙을 소개해 보세요.

> • 경기를 하는 선수의 수는 몇 명입니까?
> • 어떻게 해야 득점을 할 수 있고, 승부가 납니까?
> • 반칙이 되는 행동은 무엇입니까? 선수가 반칙을 하면 어떻게 됩니까?

3. 그래프를 분석해서 이야기해 보세요.

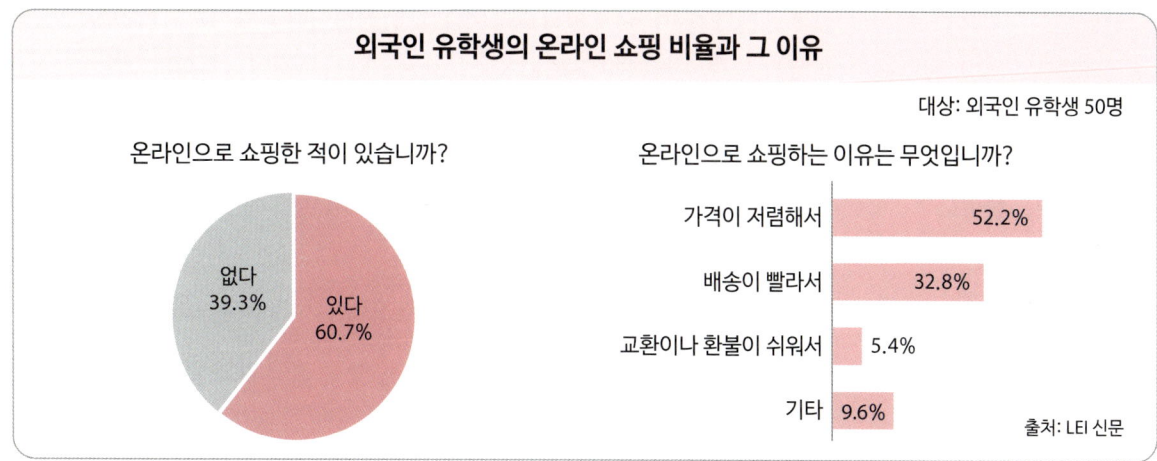

4. 문법과 표현의 의미를 확인해 보세요.

7단원

명에 따라(서) 동-느냐에 따라(서) 형-으냐에 따라(서) 명이냐에 따라(서)	가: 제 친구는 파란색이 잘 어울리는데 저는 잘 안 어울려요. 나: **피부색에 따라(서)** 어울리는 색깔이 다를 수 있지요.
명에 의하면	가: 월요일만 되면 왜 이렇게 피곤한지 모르겠어요. 나: **조사 결과에 의하면** 직장인의 64%가 월요병을 겪는대요.
명에 불과하다	동창회에 참석한 사람은 **다섯 명에 불과했다**.
명을 통해(서)	성공도 좋지만 **실패를 통해** 얻을 수 있는 것도 많다.

8단원

동형-을 리(가) 없다 명일 리(가) 없다	가: 이 음식 상한 것 같아요. 나: **그럴 리(가) 없어요**. 지금 방금 만들었거든요.
명만 못하다	가: 영화가 생각보다 재미없네요. 기대했는데. 나: 저도 **기대만 못했어요**. 평점이 좋아서 봤는데 실망이네요.
동-은 채(로)	창문을 **열어 놓은 채로** 잠이 들어서 감기에 걸렸다.
동-는다 싶다, 형-다 싶다 명이다 싶다	공부하다가 **이해가 안 된다 싶을** 때는 선생님께 물어보는 것도 좋은 방법이다.

9단원

동-으나 마나	가: 어, 과제 마감일이 어제였네. 지금이라도 낼까? 나: 교수님이 늦게 내면 받지 않는다고 하셨어. 지금 **내나 마나** 소용없을 거야.
동-기는 틀렸다	가: 민수 씨, 6시가 넘었는데 퇴근 안 해요? 나: 오늘까지 끝내야 되는 일이 있어서 **일찍 퇴근하기는 틀렸어요**. 먼저 가세요.
명으로(서)	나도 시간이 없었지만 **친구로서** 도와주지 않을 수 없었다.
동형-으나, 명이나	연장전까지 할 정도로 **열심히 싸웠으나** 결국 지고 말았다.

5. 문법과 표현을 사용해서 이야기해 보세요.

> 1) 동-느냐에 따라(서)   2) 명에 의하면   3) 동형-을 리가 없다
> 4) 명만 못하다   5) 동-으나 마나   6) 동-기는 틀렸다

가형
1) _____ 씨 나라에 여행을 가려고 해요. 돈이 얼마나 들까요?
2) 책이나 뉴스에서 읽은 내용을 소개해 보세요.
3) 다음 학기부터 등록금이 50% 오른다는 소문이 있던데요?
4) 어제 시험 봤지요? 지난번 시험보다 잘 봤어요?
5) 졸리면 잠깐 눈 좀 붙이지 그래요?
6) 내일 시험인데 준비는 많이 했어요?

나형
1) 요즘 방을 구하고 있어요. 방 크기가 비슷한데 가격 차이가 크네요.
2) _____ 씨 나라의 인구는 몇 명입니까?
3) 다니엘 씨에게 들었는데 4급 중간시험이 아주 쉽대요.
4) _____ 씨가 좋아하는 가수의 새 노래가 나왔네요. 노래가 어때요?
5) 배가 고프면 이 과자라도 좀 먹을래요?
6) 시간이 없는데 택시 타면 시간 안에 갈 수 있을까요?

다형
1) 아르바이트를 하면 한 달에 돈을 얼마나 벌 수 있을까요?
2) 오늘 비가 올 확률은 몇 %입니까?
3) 내일부터 학생 식당에서 밥을 무료로 준대요.
4) 이사했다면서요? 새집으로 이사하니까 좋아요?
5) 이번에 _____ 씨가 좋아하는 배우가 나오는 영화가 새로 나왔다면서요?
6) 과제를 아직 시작도 못 했는데 오늘 다 할 수 있을까요?

소날 씨 나라에 여행을 가려고 해요. 돈이 얼마나 들까요?

어디에 가느냐에 따라(서) 비용이 달라져요.

듣기 Listening

[1~4] 다음을 듣고 질문에 답해 보세요.

1. 뉴스를 듣고 알맞은 그래프를 고르세요.

   ① 연령별 커피 선호 비율 (단위: %)
   20대 31.7, 40대 36.5, 60대↑ 44.9

   ② 연령별 커피 선호 비율 (단위: %)
   20대 36.5, 40대 44.9, 60대↑ 31.7

   ③ 한국의 커피 수입량 (단위: 톤)
   2015, 2018, 2021

   ④ 한국의 커피 수입량 (단위: 톤)
   2015, 2018, 2021

2. 대화가 끝난 후 남자가 이어서 할 행동으로 가장 알맞은 것을 고르세요.

   ① 콘서트에 간다. ② 표를 취소한다. ③ 피시방에 간다. ④ 인터넷 속도를 확인한다.

3. 대화가 끝난 후 여자가 이어서 할 행동으로 가장 알맞은 것을 고르세요.

   ① 역무원을 부른다.
   ② 기계에 카드를 넣는다.
   ③ 출입문에 카드를 댄다.
   ④ 일회용 교통카드를 산다.

4. 강연을 듣고 남자의 생각으로 가장 알맞은 것을 고르세요.

   ① 개인 방송으로는 시청자와 소통하기 어렵다.
   ② 개인 방송의 내용이 사실인지 확인해 봐야 한다.
   ③ 텔레비전이 사람들에게 미치는 영향력이 점점 커질 것이다.
   ④ 기존 방송 매체는 사람들의 관심을 끌기 위해 노력해야 한다.

수입량 import volume   역무원 station employee   일회용 single-use

[5~6] 다음을 듣고 들은 내용과 같은 것을 고르세요.

5. ① 여자는 경기를 하다가 부상을 당했다.
   ② 여자는 남자와 함께 배드민턴을 칠 것이다.
   ③ 남자가 응원하는 선수는 오늘 결승 경기를 한다.
   ④ 남자는 자신이 응원하는 선수가 질 거라고 생각한다.

6. ① 나이와 상관없이 운동의 효과는 비슷하다.
   ② 20대는 온몸을 사용할 수 있는 운동을 하는 게 좋다.
   ③ 40대는 의자나 벽을 잡고 운동하는 것이 효과적이다.
   ④ 60대 이상의 경우 매일 운동하는 것은 건강에 좋지 않다.

[7~8] 인터뷰를 듣고 질문에 답해 보세요.

7. 두 사람이 이야기하지 않은 것은 무엇입니까?
   ① 앞으로의 계획
   ② 여자의 수상 경력
   ③ 좋은 배우의 조건
   ④ 드라마에 출연하게 된 계기

8. 들은 내용과 일치하는 것을 고르세요.
   ① 여자는 영화에 출연해서 신인상을 받았다.
   ② 여자는 배우가 된 후에 가수 활동을 하고 있다.
   ③ 여자는 처음 출연한 드라마에서 주목을 받았다.
   ④ 여자는 선배의 권유로 드라마에 출연하게 되었다.

[9~10] 강연을 듣고 질문에 답해 보세요.

9. 스몸비에 대한 설명으로 맞지 않는 것을 고르세요.
   ① 스마트폰과 좀비를 합친 말이다.
   ② 스몸비 때문에 교통사고가 증가했다.
   ③ 성인이 이런 행동을 할 경우 벌금을 낸다.
   ④ 휴대폰을 보면서 길을 걷는 사람들을 말한다.

10. 남자의 생각으로 가장 알맞은 것을 고르세요.
    ① 신호등 주변에 스마트폰 사용을 막는 프로그램을 설치해야 한다.
    ② 경찰이 스몸비같이 무책임한 사람들을 잡으면 효과가 있을 것이다.
    ③ 바닥 신호등을 설치해서 사람들이 신호를 잘 볼 수 있도록 해야 한다.
    ④ 사람들이 길을 걷거나 횡단보도를 건널 때 스마트폰을 사용할 리가 없다.

 권유 suggestion

읽기 Reading

[1~6] 다음을 읽고 질문에 답해 보세요.

1. 다음 글의 내용과 같은 것을 고르세요.

> ### 태권도의 역사
>
> - 한국에서 처음 시작됐으며 1960년대에 국제적인 스포츠가 됨
> - 1973년에 서울에서 처음으로 세계 태권도 선수권 대회가 열림
> - 2000년에 호주 시드니에서 개최된 올림픽에서 정식 종목이 됨
> - 올림픽에서는 남녀 각각 4체급씩 경기가 치러지며 총 금메달 수는 8개임

① 1960년에 태권도 세계 선수권 대회가 열렸다.
② 태권도가 올림픽 정식 종목이 된 것은 1973년이다.
③ 올림픽에서는 남녀 합쳐서 모두 네 번의 경기가 열린다.
④ 올림픽에서 태권도로 딸 수 있는 금메달의 수는 여덟 개이다.

2. 다음 글의 내용과 같은 것을 고르세요.

> 최근 통계청 발표에 의하면 올해는 작년보다 물가가 4.8% 올랐다고 한다. 이것은 2009년 이후 가장 높은 수치이다. 특히 외식 물가는 지난달에 비해 5.5%나 올랐는데 그중에서도 국민 간식인 치킨 가격은 한 달 사이에 11% 가까이 인상돼서 외식 물가 인상률의 두 배나 오른 셈이다. 이처럼 외식 물가를 비롯한 먹을거리 가격이 오르면서 국민들이 느끼는 경제적 부담도 증가한 것으로 나타났다. 정부에서는 물가를 잡기 위해 여러 대책을 내놓고 있으나 물가가 안정되기까지는 시간이 걸릴 것이라는 전망이다.

① 치킨 가격은 작년보다 두 배 인상됐다.
② 올해 물가 인상률은 2009년 이후 가장 높다.
③ 물가를 내리기 위한 정부의 노력이 효과가 있었다.
④ 작년과 비교해서 외식 물가는 11% 오른 것으로 나타났다.

 선수권 대회 championship　　체급 weight class　　치러지다 to take place　　인상률 increase rate　　대책 measures

3. 다음을 순서대로 맞게 나열한 것을 고르세요.

> (가) 그러나 요즘 팬들은 스타의 사회적 영향력을 높이는 데에도 관심이 많다.
> (나) 예전에는 팬들이 자신이 좋아하는 스타의 모든 것을 알고 싶어 하고 따라다니는 것에 집중했다.
> (다) 이처럼 예전과 다르게 팬들이 스타를 위해 사회적 활동을 한다는 점에서 변화된 팬 문화를 느낄 수 있다.
> (라) 스타의 이름으로 기부를 하거나 봉사활동을 통해서 자신이 좋아하는 스타의 이미지를 긍정적으로 변화시키는 것이 그 예이다.

① (나)-(가)-(라)-(다)　　② (나)-(라)-(다)-(가)
③ (라)-(가)-(다)-(나)　　④ (라)-(다)-(가)-(나)

4. 다음 글에서 보기 의 문장이 들어가기에 가장 알맞은 곳을 고르세요.

> 핸드볼은 실내에서 하는 7인 스포츠로서 손으로 공을 던져서 상대 팀 골대에 넣는 경기이다. (㉠) 핸드볼 경기는 전반전과 후반전 각 30분씩 진행되며 경기 종료 후 많이 득점한 팀이 이긴다. (㉡) 후반전까지 했는데도 무승부이면 연장전을 한다. (㉢) 연장전은 전반과 후반 각 5분씩 진행되는데 승부가 나지 않으면 2차 연장전을 치른다. (㉣) 두 팀이 한 번씩 순서대로 다섯 개의 공을 던져서 더 많은 득점을 한 팀이 승리하게 된다.

> 보기　연장전이 모두 끝난 후에도 승부가 나지 않으면 승부 던지기를 하게 된다.

① ㉠　　② ㉡　　③ ㉢　　④ ㉣

5. 빈칸에 들어갈 말로 알맞게 연결된 것을 고르세요.

> 한국에서는 이삿짐 업체의 전화번호에 숫자 2와 4가 들어가 있는 경우가 많다. 그 숫자의 발음이 '이사'라는 단어와 발음이 같아서 쉽게 기억할 수 있기 때문인 듯하다. 이와 같이 한국에서는 발음 때문에 업체마다 자주 사용하는 전화번호가 있다. (㉠) 배달업체는 '빨리'라는 말을 떠올리기 쉽도록 전화번호로 '8282'를 선호하고, 중고품을 거래하는 업체들은 '사고 팔고'라는 말과 발음이 비슷한 '4989'를 선호한다.
> 그리고 '1004(천사)'처럼 좋은 의미를 가진 숫자를 전화번호로 사용하려는 사람들도 많다. (㉡) 통신 회사에서는 추첨을 통해 이런 번호를 나눠 주기도 한다. 인기 번호는 경쟁률이 2만 대 1이 넘을 정도로 경쟁률이 높다.

① ㉠ 또한 - ㉡ 이처럼　　② ㉠ 그리고 - ㉡ 반면에
③ ㉠ 예를 들면 - ㉡ 그래서　　④ ㉠ 왜냐하면 - ㉡ 그러나

　이삿짐 업체 moving company　　떠올리다 to think of　　추첨 draw

6. 다음 글의 주제로 가장 알맞은 것을 고르세요.

> 대부분의 운동선수들은 경기에서 지고 싶어 하지 않는다. 이러한 마음이 경기를 더 흥미진진하게 하지만 승부욕 때문에 정정당당하게 경기를 하지 않고 반칙을 하는 선수들도 볼 수 있다. 심한 경우 상대 선수가 다칠 것을 알면서도 밀거나 넘어뜨리는 경우도 있다. 승부가 나지 않는 아슬아슬한 상황에서 반칙을 하면 경기 결과에 큰 영향을 줄 수도 있다. 물론 경기의 승패도 중요하다. 그러나 그것보다는 신체적, 정신적 능력을 키우고 자신의 한계에 도전하는 것에서 의미를 찾아야 한다.

① 운동선수에게 승부욕은 반드시 필요하다.
② 경기 결과보다 최선을 다하는 것이 중요하다.
③ 과정이 좋아도 경기에서 지면 아무 소용이 없다.
④ 일부러 반칙을 한 경우 경고 없이 퇴장시켜야 한다.

[7~8] 다음을 읽고 질문에 답해 보세요.

> 최근 '이웃 마켓'이 유행이다. 이웃 마켓은 일종의 열린 장터로서 자신의 근처에 사는 사람들을 대상으로 물건을 판매하는 스마트폰 앱이다. 자신이 팔고 싶은 물건의 사진과 정보를 여기에 올리면 근처에 사는 사람들이 보고 구매하는 방식이다. 이웃 마켓의 장점은 누구나 쉽게 이용할 수 있고 중고품도 거래할 수 있으며 무료 나눔도 가능하다는 것이다. 뿐만 아니라 그 지역에서 할 수 있는 아르바이트도 구할 수 있고 잃어버린 물건을 찾아 주기도 한다.
>
> 단점으로는 물건을 직접 사고팔기 때문에 시간이 많이 걸리고 번거롭다는 점, 집 근처에 있는 사람들과 거래하기 때문에 사고파는 물건의 종류가 적다는 점을 꼽을 수 있다. 이런 단점에도 불구하고 사람들이 이웃 마켓을 이용하는 이유는 무엇인가? 이웃 간의 소통이 예전만 못하다는 사람들이 많은데 이웃 마켓을 통해서 주변 사람들과 교류하고 정을 나눌 수 있기 때문인 듯하다. 이러한 긍정적인 면 때문에 이웃 마켓의 유행은 앞으로 계속될 것이다.

7. 이 글의 내용과 일치하는 것을 고르세요.

① 이웃 마켓은 전화를 통해서도 이용할 수 있다.
② 이웃 마켓에서는 쓰던 물건만 거래할 수 있다.
③ 이웃 마켓에서는 원하는 모든 물건을 살 수 있다.
④ 이웃 마켓을 통해 아르바이트할 사람을 구할 수 있다.

   나눔 sharing   번거롭다 to be cumbersome   교류하다 to engage

8. 이 글에서 다루지 <u>않은</u> 내용은 무엇입니까?

   ① 이웃 마켓의 장점
   ② 이웃 마켓의 단점
   ③ 이웃 마켓의 사용 연령
   ④ 이웃 마켓의 사용 방법

[9~10] **다음을 읽고 질문에 답해 보세요.**

> 프로 스포츠가 사람들에게 인기를 끌면서 스포츠 선수들의 인기도 높아지고 있다. 스포츠 스타의 인기는 연예인만큼 대단해서 팬클럽이 생길 정도이다. 그래서인지 스포츠 선수들의 경기 모습뿐만 아니라 경기장 밖에서의 행동들도 사람들에게 관심을 받는다. 스포츠 선수들이 경기장 안팎에서 보여 주는 (   ) 행동에 사람들이 주목하는 이유이다. 어떤 스포츠 스타는 음주 운전을 해서 사회적으로 많은 비난을 받았다. 그 선수를 좋아하는 팬들에게 음주 운전에 대한 잘못된 생각을 심어 줄 수도 있기 때문이다. 또한 유명 선수들이 선수 생활을 마친 후 방송에 출연해서 연예인으로서 활동을 하는 경우도 심심치 않게 볼 수 있다. 이런 선수들은 광고를 통해 상품을 팔거나 예능에 출연해서 사람들에게 즐거움을 주기도 한다. 이처럼 스포츠 스타들의 영향력이 커졌기 때문에 스포츠 스타들은 운동 실력뿐만 아니라 그에 맞는 인성과 바람직한 태도도 갖추어야 할 것이다.

9. (   )에 들어갈 내용으로 가장 알맞은 것을 고르세요.

   ① 무관심한
   ② 무책임한
   ③ 무의미한
   ④ 무능력한

10. 이 글의 제목으로 가장 알맞은 것을 고르세요.

    ① 스포츠 스타와 연예인
    ② 스포츠 스타와 팬클럽
    ③ 스포츠 스타의 영향력
    ④ 스포츠 스타의 방송 출연

안팎 inside and outside   인성 character   무능력하다 to be incompetent

쓰기 Writing

1. 공통으로 들어갈 말을 골라서 알맞게 써 보세요.

> 높다   맡다   끌다   지키다

1) 운동 경기를 할 때는 규칙을 잘 _____ 정정당당하게 승부를 낼 수 있다.
   내 친구는 만날 때마다 시간 약속을 잘 _____ 않아서 여간 짜증 나는 것이 아니다.

2) 그 배우는 이번에 출연한 드라마에서 실력 있는 내과 의사 역할을 _____.
   회사에서 하는 팀 프로젝트에서 내가 _____ 일은 자료를 조사하고 분석하는 것이다.

3) 오늘 아침 일기 예보에 의하면 오후에 비가 올 확률이 _____.
   올해는 경기가 좋지 않아서 신입 사원을 뽑지 않는 회사가 많기 때문에 취업 경쟁률이 _____ 수밖에 없다.

4) 길거리 공연을 하는 가수가 노래를 매우 잘해서 지나가는 사람들의 관심을 _____.
   최근 건강한 음식에 대한 관심이 높아지면서 한국 음식이 전 세계적으로 인기를 _____.

2. 알맞은 말을 골라서 대화를 완성해 보세요.

> 오르다   줄이다   비교하다   역전하다   무책임하다   우왕좌왕하다

1) 가: 지난주에 구경한 집이 위치면 위치, 가격이면 가격 다 괜찮다면서? 그 집으로 이사하기로 했어?
   나: 아니. 이사 못 하게 됐어. 그날 바로 계약하지 않았더니 일주일 사이에 월세가 _____.

2) 가: 어떻게 된 거야? 내가 화장실 갔다 오기 전에는 분명히 우리 팀이 지고 있었는데.
   나: 좀 전에 우리 팀이 연속으로 두 골을 넣었거든. 질 줄 알았는데 _____.

3) 가: 내일 회의에 쓸 자료를 만들어야 하는데 김 대리는 어디에 갔어요?
   나: 갑자기 바쁜 일이 있다고 하더니 _____ 오후에 휴가를 내고 나가 버렸어요.

4) 가: 너도 뉴스 봤어? 학교에 따라 다르겠지만 내년부터 등록금이 10% 정도 오를 거래.
   나: 뭐라고? 다음 학기에는 아르바이트하는 시간을 좀 _____ 공부에 집중하려고 했는데 그러기는 틀렸네.

3. **주어진 말을 사용해서 대화를 완성해 보세요.**

   1) 가: 왜 그렇게 기침을 많이 해? 목소리도 이상하고. 혹시 감기에 걸렸어?
      나: 응. 어제 깜빡하고 창문을 _____ 잠이 들었거든. 좀 추웠는지 감기에 걸린 것 같아. (열다)

   2) 가: 아르바이트하면서 알게 된 한국 친구가 결혼하는데 결혼 축의금을 얼마나 내야 할지 모르겠어요.
      나: 한국에서는 그 사람과 얼마나 _____ 축의금의 액수가 좀 달라요. (친하다)

4. **틀린 부분을 찾아서 맞게 고쳐 보세요.**

   > 한국어 발음을 열심히 연습하다 보니까 한국 사람처럼 말하게 될 것이다. ➡ 됐다

   1) 통계청 발표에 의하면 한국의 출생률은 점점 감소하고 있다고 했다.

   2) 공부를 거의 하지 않아서 이번 시험에 합격하기는 틀릴 것이다.

5. **알맞은 표현을 골라서 대화를 완성해 보세요.**

   > -다 싶다   -만 못하다   -에 불과하다   -을 리가 없다

   1) 가: 어제 간 베트남 식당은 어땠어요? 그 식당 꽤 유명하다던데요?
      나: 추천 메뉴를 먹어 봤는데 _____. 역시 기대가 크면 실망도 큰 것 같아요.

   2) 가: 날씨도 안 추운데 왜 이렇게 두꺼운 점퍼를 입고 왔어요?
      나: 아침에 창문을 열었는데 바람이 많이 _____ 두꺼운 옷을 입고 나왔어요.

   3) 가: 부장님한테 들었는데 회사에서 다음 주에 일주일 동안 특별 휴가를 준대요.
      나: 회사에서 아무 이유 없이 특별 휴가를 _____. 잘못 들은 거 아니에요?

   액수 amount   출산율 birth rate

6. 다음 표현을 사용해서 '선호하는 운동의 남녀 차이'에 대한 글을 200~300자로 쓰세요.

에 의하면   에 따라서   -으나

발음 Pronunciation

🎧 잘 들어 보세요.

① 붕어빵이라는 응답이 40%로 1위를 차지했습니다.
② 정말 심장이 터질 것 같았어.
③ 경기 끝나기 십 분 전까지 0:1로 지고 있었어.

🎧 잘 듣고 따라 해 보세요.

① 한국 생활에 만족한다는 응답이 60%를 차지했습니다.
② 그 가수를 만나서 숨이 멎을 것 같았어요.
③ 이번 경기는 3:2로 이겼어요.

🎧 잘 듣고 친구와 연습해 보세요.

① 가: 요즘 쌀 소비 현황은 어떤가요?
　나: 2020년의 1인당 쌀 구매량은 57.7kg으로 1990년의 절반에 불과했습니다.

② 가: 최근에 몸이 안 좋아진 것 같아요.
　나: 라면을 덜 먹는 게 건강에 도움이 될 거예요.

③ 가: 어제 우리 팀 경기 이겼어요?
　나: 아니요. 전반전까지는 1:1로 비겼는데 후반전에서 역전당했어요.

복습 1

[1~4] 다음을 듣고 질문에 답해 보세요.

❶ 여: 직장인들은 회사 일에 만족하고 있을까요? 남녀 직장인 2,258명에게 회사 일에 대해 조사한 결과 56.4%가 만족스럽다고 대답했습니다. 직장인 두 명 중 한 명은 자신이 하고 있는 일에 만족하는 셈입니다. 만족하는 이유로는 '일이 적성에 맞아서'가 36.2%로 가장 많았고, 다음으로 '보람을 느낄 수 있어서' 28.5%, '일이 비교적 쉬워서'가 19.3%였습니다. 이 조사 결과로 직장인들이 적성에 맞는 일을 하는 것이 만족감을 느끼는 중요한 이유라는 것을 알 수 있습니다.

❷ 남: 오후에 같이 영화 볼래?
여: 나 지금 사진 찍으러 가야 할 것 같아. 인턴 신청을 하려고 하는데 사진이 없거든.
남: 요즘은 이력서에 사진을 넣지 않아도 되는 회사가 많아. 네가 지원하려는 회사에서 원하는 이력서 양식이 있어?
여: 글쎄. 잘 모르겠는데?
남: 어느 회사에 지원하는데?
여: 서울전자.
남: 민우 선배가 그 회사에 지원한 적이 있잖아. 그 선배한테 연락해서 물어봐.
여: 그래야겠다. 알려 줘서 고마워.

❸ 남: 오늘 건강 검진을 예약했는데요.
여: 네. 성함하고 생년월일을 알려 주세요.
남: 박진우입니다. 생일은 1985년 4월 3일이고요.
여: (타자 치는 소리) 네, 오늘 오전에 예약하셨네요. 건강 생활 습관에 대한 설문지는 작성하셨나요?
남: 네. 병원에 오기 전에 인터넷으로 작성했어요.
여: 죄송한데요. 저희 병원은 직접 작성한 것만 받아서요. 저쪽에 보시면 설문지가 있습니다. 작성하신 후에 가져오시면 바로 검진을 받으실 수 있습니다.
남: 네, 알겠습니다.

❹ 남: 선생님께서는 20년 동안 한복을 만들고 연구하셔서 이 분야의 최고가 되셨는데요. 그래서 그런지 많은 분들이 선생님 한복을 입고 싶어 합니다. 유명한 분들이 선생님 한복을 입은 모습을 보면 자랑스럽고 또 보람도 느끼시겠어요.
여: 이 일을 하면서 유명한 분들과 친하게 지낼 수 있는 기회가 많아진 것은 사실입니다. 그런데 제가 보람을 느끼는 이유는 유명한 분이 제 한복을 입기 때문이 아닙니다. 이 분야의 최고가 되어서도 아니고요. 저는 20년 전에도, 지금도 바느질을 할 때 참 행복합니다. 한복 만드는 걸 즐기고 있어요. 제가 하는 일을 즐기고 있기 때문에 제 자신이 자랑스럽고 멋지게 느껴집니다. 저는 다른 사람에게 인정을 받는 것보다 자신이 즐길 수 있는 일을 하는 게 중요한 것 같아요.

[5~6] 다음을 듣고 들은 내용과 같은 것을 고르세요.

❺ 남: 미나 씨, 대학원에 진학한다면서요?
여: 네. 졸업하자마자 취업하려다가 대학원에 가기로 했어요. 아무래도 공부를 더 하는 게 좋을 것 같아서요.
남: 그렇군요. 저도 졸업 후에 바로 취업해서 회사 일을 하다 보니까 공부를 더 하지 못한 게 후회스러울 때가 있었어요. 미나 씨는 경제학을 전공했으니까 대학원에서도 같은 공부를 하는 거예요?
여: 대학원에서는 디자인을 공부하려고 해요.
남: 어, 대학 때 전공을 살릴 줄 알았는데 의외네요.
여: 경제학은 제 적성에 안 맞아서요. 어릴 때부터 디자인에 소질이 있다는 말을 자주 들었거든요. 이번에는 제 소질을 살려 보려고요.

❻ 여: 안내 말씀드립니다. 취업센터에서는 4월 4일부터 4월 18일까지 2주 동안 진로를 고민하는 신입생을 위해 진로 적성 검사를 실시합니다. 진로 적성 검사를 하면 자신의 장점과 단점을 파악하고 상담을 통해 자신에게 맞는 직업에 대해 안내 받을 수 있습니다. 신청 기간은 3월 25일부터 4월 1일까지이고, 취업센터로 직접 신청하거나 온라인으로 신청하시면 됩니다. 하루에 50명씩 선착순으로 마감되니 원하는 날짜가 마감될 경우 다른 날을 선택해서 다시 신청하시기 바랍니다. 검사 결과는 검사한 날에 바로 진로 전문 상담가가 직접 안내해 드립니다. 자세한 내용은 취업센터 홈페이지와 게시판을 참고해 주십시오. 신입생뿐만 아니라 진로를 고민하고 있는 재학생들도 신청할 수 있으니 학생 여러분의 많은 참여 바랍니다.

[7~8] 대화를 듣고 질문에 답해 보세요.

여: 이 기사 좀 봐. 서울기업에서 신입 사원을 뽑을 때 성격 검사를 하기로 했대. 특정한 성격을 가진 사람은 아무리 능력이 좋아도 뽑지 않겠다고 하는데?
남: 그게 무슨 소리야? 성격이랑 일하는 거랑 무슨 상관이 있어?
여: 자기 적성에 맞는 일이 따로 있는 것처럼 성격에 어울리는 직업이 따로 있지 않을까? 난 그럴 수도 있을 것 같아.
남: 적성에 안 맞아도 그 일을 잘하는 사람이 있잖아. 그런데 성격 검사 때문에 능력 있는 사람이 취업할 기회를 잃는 건 문제 아닐까?
여: 글쎄. 회사는 자기가 원하는 직원을 뽑을 권리가 있잖아. 자기 회사에 맞는 직원을 뽑겠다는데 뭐가 문제야?
남: 성격 검사를 믿을 수 있을까? 검사 결과가 취업에 영향을 주게 되면 검사를 할 때 제대로 대답하는 사람이 없어질 거야. 그렇게 비전문적인 검사를 믿을 수 있겠어?
여: 자기 회사에 맞는 사람을 뽑으려고 자기소개서도 내게 하고, 면접도 보는 거잖아. 난 성격 검사로 직원을 뽑는 게 큰 문제가 되지는 않을 것 같은데.

| 부록 Appendix |

[9~10] 강연을 듣고 질문에 답해 보세요.

남: 여러분, 안녕하세요? 야식이 건강에 안 좋다는 이야기 많이 들어 보셨지요? 야식을 먹는 습관은 체중을 증가시킬 뿐만 아니라 당뇨병과 같은 질병을 일으킵니다. 특히 저녁 7시 이후의 식사량이 하루에 먹는 음식량의 50% 이상이 되는 경우 야식 증후군이라고 할 수 있는데요. 밤만 되면 뭔가 먹고 싶다는 분들은 건강을 위해서 야식을 줄여야 합니다. 야식을 줄이려면 어떻게 해야 할까요? 먼저, 물을 충분히 드셔야 합니다. 사람들은 목이 마른 것을 배가 고픈 것으로 착각하기도 합니다. 밤에 뭔가 먹고 싶다면 물을 한 잔 드셔 보십시오. 배고픔이 사라질 겁니다. 그리고 낮에 충분히 드십시오. 낮 동안 먹고 싶은 것을 충분히 먹지 못하면 밤에 식욕이 강해질 수밖에 없습니다. 낮에 충분한 양의 음식을 먹다 보면 야식도 점차 줄일 수 있게 될 겁니다. 마지막으로 일찍 자는 습관을 길러 보십시오. 가능하면 11시 전에 자려고 노력하고, 밤 8시 이후에는 음식을 먹지 마시고요. 너무 배가 고파서 잠을 잘 수 없을 정도라고요? 그럴 때는 따뜻한 우유를 한 잔 드셔 보세요. 식욕을 줄일 수 있을 뿐만 아니라 숙면에도 도움이 될 겁니다.

복습 2

[1~4] 다음을 듣고 질문에 답해 보세요.

❶ 남: 20대 이상 한국인 380명에게 조사한 결과, 67.4%가 올해 국내 여행 계획이 있다고 대답했습니다. 반면에 해외여행을 가겠다는 응답자는 7.8%였고, 여행 계획이 없다는 응답자는 24.8%였습니다. 국내 여행을 가겠다고 대답한 사람 중 33.3%는 제주도에 가고 싶어 했으며, 19%는 강원도를 선호한다고 대답했습니다. 다음으로 경상도 15.9%, 부산에 가고 싶다고 대답한 사람은 7.4%였습니다. 이번 조사 결과로 제주도야말로 한국인이 선호하는 여행지라는 것을 알 수 있습니다.

❷ 남: 나나야, 왜 이렇게 젖었어? 비 맞은 거야?
여: 응, 갑자기 비가 오는 바람에 옷이 다 젖었어. 아까 텔레비전 뉴스를 봤는데 비 온다는 얘기는 없었거든.
남: 봄에는 날씨가 변덕스럽잖아. 아까 우리 지역 날씨를 찾아보니까 오후에 우리 동네 쪽에는 비가 온다더라고. 그래서 난 우산을 가지고 왔어.
여: 우리 지역 날씨? 그건 어디에서 볼 수 있는데?
남: 잠깐만. 메시지로 웹사이트 주소를 보내 줄게. 보냈으니까 지금 확인해 봐. 여기에서 확인하는 게 제일 정확해.
여: 그래? 고마워.

❸ 여: 김 대리, 축제 홍보 영상은 다 준비됐나요?
남: 영상을 담당하는 업체에 아까 연락해 봤는데요, 지금 편집 중이라고 합니다. 오후에는 다 끝날 것 같습니다.
여: 영상 준비되면 저한테도 이메일로 보내 달라고 업체에 전달해 주세요. 그럼 홍보 책자를 먼저 확인해 볼까요?
남: 네, 과장님. 여기 있습니다.
여: 부장님께서도 홍보 책자가 어떻게 나왔는지 궁금해 하시던데요. 지금 바로 하나 가져다 드리세요.
남: 네, 알겠습니다.

❹ 여: 선생님께서는 전남 신안에서 열대 과일을 재배하신다고 들었는데요? 열대 과일을 재배하게 된 특별한 이유가 있으신가요?
남: 우리나라 기후가 점점 따뜻해지고 있잖아요? 사과나 배는 앞으로 재배하지 못할 거라고 말씀하시는 분들도 많고요. 그렇다면 우리나라에서 열대 과일을 재배하면 어떨까 이런 생각을 하게 되었습니다. 열대 과일의 경우 겨울에 온도를 관리하는 게 중요한데요. 제가 농사짓고 있는 신안은 다른 지역보다 햇빛이 비치는 시간이 길고, 겨울에도 포근한 편이거든요. 그래서 열대 과일을 재배하게 되었습니다.
여: 농장을 운영하면 어려운 점이 많을 텐데요. 가장 보람 있는 점과 힘든 점은 무엇인지 궁금합니다.
남: 아무래도 농사를 지으면 몸이 힘들지요. 하지만 수입을 해야만 맛볼 수 있었던 색다른 과일을 제 손으로 직접 키우고 또 다른 나라로 팔 수 있어서 정말 자랑스럽습니다. 제가 키운 과일을 드시고 좋은 반응을 보여 주시는 고객분들을 생각하면 힘은 들지만 보람을 느낍니다.

[5~6] 다음을 듣고 들은 내용과 같은 것을 고르세요.

❺ 남: 달빛 아래에서 월영교를 걸으니까 마음이 차분해지는 것 같아. 밤에 열리는 축제라서 그런가?
여: 다른 지역에도 밤에 열리는 축제가 있어. 청계천 축제도 밤에 열리는 걸.
남: 난 안동은 처음 와서 그런지 분위기면 분위기 음식이면 음식, 다 색다르고 좋은데? 하회마을도 그렇고, 탈춤도 그렇고.
여: 글쎄, 나도 안동은 처음이지만 월영야행 축제도 다른 축제랑 비슷한 것 같아. 탈춤 공연도 기대만 못했어.
남: 난 재미있던데. 아까 탈춤 보면서 어찌나 많이 웃었는지 배꼽이 빠질 뻔했어.
여: 그래? 내가 전통문화에 관심이 없어서 그런가?
남: 탈춤에 대해서 미리 공부하고 와서 그런지 더 신나게 즐길 수 있었던 것 같아. 다음에 축제에 갈 때는 그 지역의 문화에 대해 같이 공부하고 가자.

❻ 남: 충남 보령시는 6월 11일에 개최되는 보령마라톤대회의 참가자를 모집합니다. 신청 기간은 4월 25일부터 5월 25일까지이며, 신청만 하면 누구든지 참가할 수 있습니다. 참가 종목은 21km, 10km, 5km 모두 세 코스로, 참가비는 각각 3만 원, 2만 원, 5,000원입니다. 마라톤대회에 참가한 모든 분께 기념품으로 티셔츠를 드리며, 성적이 좋은 참가자에게는 상품과 상금을 수여합니다. 이번 마라톤대회는 7월부터 한 달간 열리는 보령머드축제를 홍보하기 위한 것으로, 보령

시는 많은 시민과 관광객이 대회에 참여할 수 있도록 다양한 볼거리와 즐길 거리를 제공할 예정입니다. 자세한 대회 일정은 보령시 홈페이지에서 확인하실 수 있으며 전화 041-932-6303번으로 문의하시기 바랍니다.

[7~8] 대화를 듣고 질문에 답해 보세요.

남: 케이팝 콘서트에 다녀왔다면서? 어땠어?
여: 내가 예매를 늦게 하는 바람에 자리가 너무 안 좋았어. 무대가 내 자리에서 거의 100m 정도 떨어져 있었거든. 어찌나 무대가 먼지 가수 얼굴을 알아보기 힘들 정도였어.
남: 그렇게 먼 자리에서 공연을 보는 거라면 비대면 공연을 보는 게 더 낫지 않아? 현장에서 보는 것보다 비용도 더 저렴하고, 집에서 편하게 볼 수 있잖아.
여: 그래도 현장에서 응원하며 보는 거랑은 다르지.
남: 글쎄, 난 집에서 보는 거랑 별로 다르지 않을 것 같은데. 어차피 자리가 멀면 무대 옆에 설치된 화면으로 가수의 얼굴을 보는 거잖아. 노래도 콘서트에서 부르는 게 미리 녹음한 것보다 못할 거고.
여: 아냐, 노래를 따라 부르는 팬들에 둘러싸여서 정신없이 노래하다 보면 스트레스가 풀린단 말이야. 집에서 혼자 보면 절대로 그런 감동을 느낄 수가 없다고.
남: 나라면 절대 비싼 돈 주고 그렇게 먼 자리에서 공연을 보지 않을 거야.
여: 내가 좋다는데 네가 무슨 상관이야?

[9~10] 강연을 듣고 질문에 답해 보세요.

여: 한국의 전통 문화 중 독특한 문화로 제사를 꼽는 분들이 많습니다. 여러분은 제사 음식 하면 무엇이 떠오르시나요? 고기, 생선, 과일 등 여러 음식이 있지요? 지역마다 상에 오르는 음식이 다른데요, 오늘은 지역별 제사 음식의 특징에 대해 이야기해 보겠습니다.
먼저, 서울을 비롯한 경기도 지역은 다른 지역보다 고기를 제사 음식 재료로 많이 활용하고, 생선을 적게 올리는 편입니다. 전라도 지역은 해산물이면 해산물 농산물이면 농산물, 모두 구하기가 쉬워서 해산물, 고기, 채소 등 다양한 재료를 이용해 화려한 모양으로 음식을 만듭니다. 반면에 산이 많은 강원도 지역에서는 감자, 고구마 등을 제사상에 올렸으며, 바다가 가까운 강릉이나 동해에서는 문어와 생선 등 다양한 해산물을 제사상에 올렸습니다. 마지막으로 경상북도 안동에서는 양반들이 제사상에 소고기와 비빔밥, 식혜를 올렸습니다. 제사 때 비빔밥을 상에 올린다는 게 참 독특하지요?
여러분이 지금 살고 있는 곳이 어딘지에 따라 제가 소개해 드린 음식이 생소한 분들도 있고, 친숙하다고 느끼시는 분들도 있을 겁니다. 제사 음식은 그 지역에서 쉽게 구할 수 있는 재료를 이용한 것이 특징입니다. 우리 조상들은 주변에서 구할 수 있는 음식 중 가장 귀한 것을 조상님들께 대접한 것입니다. 여러분이 생각하는 가장 귀한 음식은 무엇입니까? 여러분은 조상님을 위해 어떤 음식을 상에 올리고 싶으신가요?

복습 3

[1~4] 다음을 듣고 질문에 답해 보세요.

❶ 여: 한국인 천 명을 대상으로 선호하는 음료를 질문한 결과 커피라는 응답이 39.6%로 1위를 차지했습니다. 연령에 따라 커피 선호도에는 차이가 있었습니다. 40대 44.9%, 20대 36.5%, 60대 이상 31.7% 순으로 나타나 특히 40대의 커피 선호도가 높았습니다. 이 같은 커피의 인기는 한국의 커피 수입량이 꾸준히 증가한 것으로도 알 수 있습니다. 관세청에 의하면 한국의 커피 수입량은 2015년 팔만 오천 톤, 2018년 구만 팔천 톤, 2021년 십만 오천 톤으로 계속 증가하고 있다고 합니다.

❷ 남: 내가 이지윤의 콘서트에 가게 되다니 정말 꿈만 같아.
여: 콘서트 표 예매 경쟁률이 엄청 높다던데 정말 대단하다. 나도 가고 싶었는데 예매에 실패했거든.
남: 가끔 취소 표가 나오니까 한번 다시 해 봐. 나도 취소 표를 예매한 거야.
여: 글쎄, 취소 표는 한두 장에 불과하다고 하던데…. 다시 해 보나 마나 못할 것 같아. 괜히 시간만 낭비하고….
남: 아냐. 자, 이 인터넷 사이트를 통해서 하면 돼. 피시방처럼 속도가 빠른 곳에서 하면 더 잘 되고.
여: 그래? 그럼 지금 우리 집 근처에 있는 피시방에 가서 다시 해 봐야겠다.
남: 나도 같이 갈게. 두 명이 같이 하면 성공률이 더 높아질 거야.

❸ 여: 저기요. 좀 도와주실 수 있어요? 제가 아까 일회용 교통카드를 샀는데요. 지하철역에서 나가려고 출입문에 카드를 댔는데 문이 안 열려요.
남: 요금이 모자라서 그런 것 같은데요. 거리에 따라서 내야 하는 요금이 달라지거든요.
여: 그럼 어떻게 해야 돼요?
남: 잠깐만요. 이 기계에 카드를 넣어 보세요. 부족한 돈이 얼마인지 나올 거예요. 그러고 나서 돈을 더 내시면 돼요.
여: 아, 그렇군요. 감사합니다.

❹ 남: 과학 기술이 발달하고 인터넷이 빨라지면서 개인 방송을 하는 사람들이 증가하고 있습니다. 기존의 텔레비전이나 라디오 방송의 경우 방송국에서 전달하는 내용을 시청자들이 그대로 받아들일 수밖에 없었는데요. 개인 방송은 시청자들이 직접 방송 내용을 만들 수 있고 서로 소통할 수 있다는 장점이 있습니다. 그래서인지 개인 방송 제작자의 영향력도 점점 커지는 것 같습니다. 그런데 개인 방송은 사람들의 관심을 끌기 위해 사실이 아닌 것도 사실인 것처럼 방송하는 경우가 많습니다. 이렇게 무책임한 사람들의 방송 내용이 사실인지 어떻게 알 수 있을까요? 무조건 개인 방송의 내용을 믿지 말고

책이나 다른 자료를 통해서 그 내용이 사실인지 확인해 볼 필요가 있습니다.

[5~6] 다음을 듣고 들은 내용과 같은 것을 고르세요.

5 여: 오후에 뭐 할 거야? 나랑 배드민턴 치러 가지 않을래?
남: 태권도 경기를 보려고 했는데. 내가 좋아하는 이영민 선수가 어제 아슬아슬하게 결승전에 진출했거든. 결승전 경기가 오후에 열려.
여: 아슬아슬하게? 그 선수 세계랭킹 1위 아니야? 그리고 뉴스에서 들었는데 실력이 좋은 선수들이 이번 경기에 출전하지 않았다면서? 난 그 선수가 보나 마나 우승할 줄 알았어.
남: 나도. 그런데 얼마 전에 부상을 당해서 그런지 준결승전에서 질 뻔했거든. 정말 경기 종료 직전에 아슬아슬하게 승부가 났어.
여: 그래? 그러면 오늘은 좀 힘들지 않을까? 부상도 당하고 어제도 힘든 경기를 했으면 오늘 경기에서 이기기는 틀린 것 같은데.
남: 아냐. 팬들이 응원하고 있으니까 오늘 분명히 이길 거야.
여: 네가 이렇게 열심히 응원하니까 나도 같이 봐야겠다.

6 여: 새해가 되면서 운동을 하겠다고 결심하신 분들 많으시지요? 전문가들에 의하면 연령에 따라서 효과적인 운동에 차이가 있다고 합니다. 먼저, 2-30대는 나이는 젊지만 운동 부족과 잘못된 자세로 건강을 해치는 경우가 많은데요. 그래서 달리기를 비롯해 수영, 계단 오르내리기, 축구 같은 에너지 소비가 많고 온몸을 고르게 사용할 수 있는 운동이 좋다고 합니다. 다음으로 4-50대는 근육의 양이 감소하기 때문에 움직임이 큰 운동보다는 수영과 걷기처럼 무릎에 무리를 주지 않는 운동을 해야 합니다. 마지막으로 60대 이상은 운동을 하다가 균형을 잃어서 다칠 수도 있기 때문에 의자나 벽 등을 잡고 하는 스트레칭이나 체조가 좋다고 합니다. 나이와 상관없이 공통적으로 명심해야 할 것은 10분이라도 매일 꾸준하게 운동해야 한다는 겁니다. 여러분도 나이에 맞는 운동을 찾아서 해 보시기 바랍니다.

[7~8] 인터뷰를 듣고 질문에 답해 보세요.

남: 오늘은 드라마 '사랑의 약속'에서 좋은 모습을 보여 주시고 있는 배우 '이지안' 씨를 모시고 말씀 나눠 보겠습니다. 안녕하세요?
여: 네, 안녕하세요?
남: 원래 가수로 활동을 하셨다고 들었는데요. 드라마에 출연하게 된 계기가 있으신가요?
여: 네. 저는 아이돌 그룹으로 데뷔했는데요. 크게 인기를 끌지는 못했어요. 그런데 제가 노래하는 모습을 본 드라마 PD님이 연기를 해 보는 게 어떠냐고 하셔서 오디션을 보고 드라마에 출연하게 되었습니다.
남: 그렇군요. 처음 출연한 드라마에서 인상적인 연기로 주목을 받았고 신인상도 받으셨다고 들었습니다.
여: 네, 상을 받았을 때 정말 꿈만 같았어요. 연기를 시작할 때만 해도 이렇게 큰 사랑을 받을 줄 몰랐거든요. 처음에는 카메라가 익숙하지 않고 발음도 안 좋아서 계속 배우를 하기는 틀렸다 싶었는데요. 선배님들이 잘 가르쳐 주시고, 연기 수업을 통해 조금씩 배우다 보니까 연기도 나아지고 재미가 있더라고요. 아직 배울 게 많습니다.
남: 앞으로의 계획에 대해 말씀해 주시지요?
여: 이번 드라마가 끝나면 영화에 도전해 볼 생각입니다. 드라마와 영화는 많이 다르다고 들었는데요. 또 배우면서 열심히 해 보겠습니다.
남: 네, 영화에서도 좋은 모습 보여 주시기를 기대하겠습니다.

[9~10] 강연을 듣고 질문에 답해 보세요.

남: 여러분, 스몸비라는 말을 들어 보셨습니까? 스몸비는 스마트폰과 좀비를 합친 말로서 휴대폰에 시선을 고정한 채로 횡단보도를 건너거나 길을 걷는 사람들을 가리키는 말입니다. 앞을 보지 않고 길을 가다가 아슬아슬하게 사고를 피하는 경우도 자주 볼 수 있는데요. 경찰에 의하면 이런 스몸비와 관련된 교통사고가 지난 5년 전보다 2배나 증가했다고 합니다. 특히 어린이나 청소년들이 게임을 하거나 영상을 보면서 길을 걷는 경우 큰 사고로 이어질 수도 있어서 주의가 필요합니다.

서울시에서는 사람들이 잘 볼 수 있도록 바닥 신호등의 설치를 늘리는 등 사고를 막기 위해 힘쓰고 있습니다. 그러나 저는 바닥 신호등을 늘리는 것은 효과적인 방법이 아니라고 봅니다. 스마트폰 작동이 멈추는 프로그램을 개발해서 신호등 주변이나 차가 많이 다니는 곳에서는 사람들이 스마트폰을 사용하지 못하도록 해야 합니다. 이 프로그램의 장점은 전화를 걸거나 받는 것은 가능하지만 동영상 재생이나 SNS 같은 앱은 작동이 안 된다는 것입니다. 시민들의 안전을 위해 스마트폰 사용을 제한하는 프로그램이 하루빨리 설치되어야 한다고 봅니다.

Answer Key 모범 답안

1. 진로와 적성

1-1. 진로

어휘 p. 14

1. 2) 취업할 때
   3) 대학원에 진학하고 싶다
   4) 창업하고 싶다
   5) 내 적성에 맞는
   6) 소질이 있어서
   7) 전망이 밝은
   8) 전공을 살려서

2. 2) 진로를 정했군요
   3) 취업하기 위해
   4) 대학원에 진학할 거예요
   5) 노래에 소질이 있어요
   6) 전공을 살릴 수 있는
   7) 전망이 밝을까요
   8) 적성에 맞는

3. 1) 안녕하세요? 만나서 반갑습니다. 선생님은 언제 진로를 정하셨습니까? — 저는 중학생 때 선생님이 되기로 마음먹었습니다. 바쁜 부모님 대신 동생들의 공부를 도와줬는데 제가 가르쳐 주는 것을 동생들이 잘 이해할 때 기분이 좋았습니다.
   2) 그렇군요. 선생님은 이 일이 적성에 맞으십니까? — 네. 저는 아이들과 함께 보내는 시간이 항상 즐겁습니다. 가끔 힘들 때도 있지만 이 일이 너무 좋습니다.
   3) 그럼 이 일을 하려면 어떤 소질이 있어야 합니까? — 자신이 알고 있는 것을 다른 사람에게 잘 전달할 수 있어야 합니다. 또 학생들에 대한 이해와 사랑이 있어야 합니다.
   4) 교사라는 직업의 전망은 어떻다고 생각하십니까? — 학생들의 수가 줄고 있고 다양한 교육 방법이 나오고 있어서 전망이 밝다고 말할 수는 없을 것 같습니다. 하지만 없어서는 안 되는 중요한 직업이라고 생각합니다.
   5) 앞으로의 계획은 무엇입니까? — 이미 학교에서 아이들을 가르치고 있지만 여전히 저에게는 부족한 점이 많은 것 같습니다. 대학원에 진학해서 교육과 관련된 공부를 좀 더 해 보고 싶습니다.

문법과 표현 ❶ 동-는다면서(요)?, 형-다면서(요)? 명이라면서(요)? p. 17

1. 2) 고향이 제주도라면서요
   3) 여자 친구를 사귀고 싶다면서
   4) 아직 점심을 못 먹었다면서요
   5) 대학원 입학시험에 합격했다면서
   6) 내일 면접을 볼 거라면서요 / 본다면서요

2. 2) 한 달 등록비를 내면 다음 한 달은 무료라면서요
   3) 말하기 대회에 LEI 학생은 누구나 참가할 수 있다면서요
   4) 장학금을 받았다면서요
   5) 대학생이 가장 선호하는 기업이 서울전자라면서요

문법과 표현 ❷ 동-다(가) 보면 p. 20

1. 2) 연습하다(가) 보면
   3) 만나다(가) 보면
   4) 일하다(가) 보면
   5) 보다(가) 보면

2. 2) 인스턴트 음식을 자주 먹다 보면
   3) 휴대폰을 보면서 길을 걷다 보면
   4) 양치질을 안 하다 보면
   5) 어두운 곳에서 영화를 보다 보면

1-2. 능력과 자질

어휘 p. 22

1. 2) 리더십이 있잖아요
   3) 유머 감각이 있어서
   4) 책임감이 강한
   5) 설득력이 있어서

2.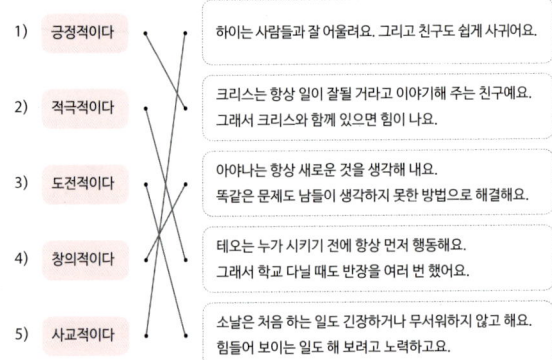

문법과 표현 ❸ 명은 동-는다는 것이다, 명은 형-다는 것이다
명은 명이라는 것이다 p. 24

1. 2) 조용하다는 것이다
   3) 비슷한 단어가 너무 많다는 것이다
   4) 졸업 후에 취업이 잘된다는 것이다
   5) 여러 나라에서 온 친구들을 만날 수 있다는 것이다
   6) 자신에게 생긴 문제를 스스로 해결해야 한다는 것이다

문법과 표현 ❹ 명뿐만 아니라, 동형-을 뿐만 아니라
명일 뿐만 아니라 p. 26

1. 2) 직원들이 친절할 뿐만 아니라 분위기도 좋아요
   3) 노래를 잘 부를 뿐만 아니라 춤도 잘 춰요
   4) 재미있을 뿐만 아니라 음악도 좋아요
   5) 추워질 뿐만 아니라 눈도 많이 와요

2. 예
   2) 김치, 비빔밥
   3) 설악산, 바다
   4) 태권도, 양궁
   5) 힙합, 발라드

2. 건강한 삶

2-1. 질병과 증상

어휘 p. 30

1. 2) 얼굴에 뭐가 났어
   3) 가스가 차서
   4) 재채기를 할
   5) 어깨가 뻣뻣해
   6) 피부가 가려워

2. 1) 밥을 세 그릇이나 먹어서 — 배가 터질 것 같아요.
   2) 밤새 드라마를 봤더니 — 눈이 빠질 것 같아요.
   3) 이것저것 생각해야 할 것이 너무 많아서 — 머리가 깨질 것 같아요.
   4) 날씨가 너무 춥고 바람이 불어서 — 귀가 떨어져 나갈 것 같아요.
   5) 짐이 너무 무거워서 — 팔이 빠질 것 같아요.

문법과 표현 ❶ 동 형 -을 정도로, 동 형 -을 정도이다 p. 32

1. 2) 매일 들을 정도로 노래가 좋아요
   3) 못 알아볼 정도로 살이 빠졌어요
   4) 아무것도 못 먹을 정도로 속이 안 좋아요
   5) 병원에 입원할 정도로 많이 다쳤대요

2. 2) 시간 가는 것도 모를 정도예요
   3) 한 문제도 못 풀 정도였어요
   4) 안 들릴 정도예요
   5) 다른 사람들이 한국 사람이라고 생각할 정도예요
   6) 밥 먹을 시간도 없을 정도였어

3. 2) 눈이 빠질 정도로
   3) 배가 터질 정도로
   4) 배꼽이 빠질 정도예요
   5) 눈도 못 뜰 정도예요

문법과 표현 ❷ 명만 되면, 동 -기만 하면 p. 34

1. 2) 새벽 3시만 되면
   3) 가을만 되면
   4) 오전 9시만 되면
   5) 시험 기간만 되면

2. 2) 우유를 마시기만 하면
   3) 이 노래를 듣기만 하면
   4) 약속을 잡기만 하면
   5) 도서관에 가기만 하면
   6) 렌즈를 끼기만 하면

2-2. 건강한 습관

어휘 p. 36

1. 2) 야식을 먹을까
   3) 달게 먹고
   4) 짜게 먹으면
   5) 기름진 음식을 먹으면
   6) 과식하면

2. 2) 위염에 걸린
   3) 혈압이 높아질
   4) 비만이 된다
   5) 당뇨병에 걸리면

문법과 표현 ❸ 동 -는 셈이다, 형 -은 셈이다, 명인 셈이다 p. 38

1. 2) 안경을 쓰는 셈입니다
   3) 책을 전혀 안 읽는 셈입니다
   4) 알레르기 비염이 있는 셈입니다
   5) 김 씨인 셈입니다
   6) 잠을 잘 못 자는 셈입니다

2. 2) 비싸게 사는 셈이에요
   3) 매일 먹는 셈이에요
   4) 15년쯤 배운 셈이에요
   5) 한 시간쯤 걸린 셈이에요
   6) 50%인 셈이야 / 반값인 셈이야
   7) 서울이 고향인 셈이에요

문법과 표현 ❹ 동 형 -을 수밖에 없다, 명일 수밖에 없다 p. 40

1. 2) 감기에 걸릴 수밖에 없어요
   3) 다음 날 피곤할 수밖에 없어요
   4) 같이 살기 힘들 수밖에 없어요
   5) 배가 고플 수밖에 없어요
   6) 사람들이 나나 씨의 말을 믿을 수밖에 없어요

2. 2) 걸어올 수밖에 없었어요
   3) 커피를 마실 수밖에 없었어요
   4) 헤어질 수밖에 없었어요
   5) 음식을 남길 수밖에 없었어요
   6) 야근을 할 수밖에 없었어요

3. 2) 콜라를 마실 수밖에 없었다
   3) 다른 식당에 갈 수밖에 없었다
   4) 택시를 탈 수밖에 없었다

3. 선택과 변화

3-1. 만족과 후회

어휘 p. 44

1. 2) 만족스러워요   3) 자신감이 생겼어요
   4) 보람이 있어요   5) 즐길

2. 1) 학생 때 동아리도 안 하고 공부만 한 게 — 후회스러워요.
   2) 적성에도 맞지 않는 일을 계속 하니까 너무 — 괴로워요.
   3) 비행기 시간을 착각해서 계획이 — 엉망이 됐어요.
   4) 오랜만에 만났는데 밥만 먹고 헤어져서 너무 — 아쉬워요.
   5) 시험을 잘 봤다고 생각했는데 점수가 너무 낮아서 — 실망스러워요.

문법과 표현 ❶ 동-으려다(가) p. 46

1. 2) 머리를 짧게 자르려다가   3) 포기하려다가
   4) 집에 일찍 가려다가   5) 보내려다가
   6) 잡채를 만들려다가

2. 2) 라면을 먹으려다가   3) 올라가려다가
   4) 주려다가   5) 사려다가
   6) 찍으려다가

문법과 표현 ❷ 동-다(가) 보니(까) p. 48

1. 2) 매운 음식을 자주 먹다 보니까 매운맛에 익숙해졌어요
   3) 자주 식당에 오다 보니까 사장님과 친해졌어요
   4) 아침마다 운동을 하다 보니까 운동하는 게 습관이 되어서 괜찮아요

2. 2) 앉아 있다 보니까   3) 일하다 보니까
   4) 쓰다 보니까   5) 게임을 하다 보니까

3. 예
   - 혼자 살다 보니까 다른 사람과 같이 지내는 게 불편해졌어요.
     혼자 살다 보면 처음에는 외로워도 익숙해질 거예요.
   - 장거리 연애를 하다 보니까 자주 만나기가 어려워졌어요.
     장거리 연애를 하다 보면 교통비가 많이 들 거예요.
   - 매일 요리를 하다 보니까 엄마가 요리하느라 얼마나 힘들었는지 알게 됐어요.
     매일 요리를 하다 보면 지금보다 요리를 잘하게 될 거예요.
   - 스마트폰을 사용하다 보니까 스마트폰 없이는 못 살게 됐어요.
     스마트폰을 사용하다 보면 그 편리함을 알게 될 거예요.

3-2. 사회 변화

어휘 p. 50

1. 2) 생각이 반영된   3) 바탕이 되어야
   4) 영향을 끼친다는   5) 사고방식이 변화해서

2. 2) 비공개로   3) 비현실적인
   4) 비전문적인   5) 비대면으로

3. 2) 바탕이 된   3) 생각이 반영되어
   4) 영향을 끼칠

문법과 표현 ❸ 동형-음, 명-임 p. 52

1. 2) 김밥을 자주 사 먹음
   3) 다음 회의는 온라인으로 진행됨
   4) 한국에서는 방 안에서 신발을 신지 않음
   5) 올해 겨울에는 날씨가 너무 추움
   6) 편의점에서 신문을 팖
   7) 이 제품은 국산임

2. 2) 여행 계획이 바뀌었음 / 바뀜
   3) 비행기표를 예매해 놓았음 / 놓음
   4) 오후에 택배가 왔음 / 옴
   5) 지난 주말에 학교 앞 도로를 공사했음 / 공사함

3. 2) 비슷하기 때문(임)   3) 쓰임   4) 사용함
   5) 옴   6) 씀   7) 님
   8) 쓰면 됨

문법과 표현 ❹ 동-는가?, 형-은가?, 명-인가? p. 54

1. 2) 이 일은 전망이 밝은가
   3) 어떻게 하면 행복해질 수 있는가
   4) 앞으로 무슨 일이 생길지 아는가
   5) 우리 회사의 인재상은 무엇인가
   6) 문제를 해결하기 위해 어떻게 해야 하는가
   7) 왜 사람들의 불만이 많아졌는가
   8) 아직 진로를 정하지 않았는가
   9) 환경 문제가 중요하지 않은가
   10) 당신이라면 어떻게 하겠는가

2. 2) 맛집을 찾아다니는가
   3) 써 보면 어떤가
   4) 인기가 있는가

| 부록 Appendix |

복습 1

듣기 p. 60

1. ④ 2. ③ 3. ② 4. ① 5. ③
6. ④ 7. ④ 8. ① 9. ② 10. ①

읽기 p. 62

1. ④ 2. ① 3. ② 4. ① 5. ④
6. ④ 7. ④ 8. ② 9. ② 10. ②

쓰기 p. 66

1. 1) 살릴 / 살려서   2) 빠질 / 빠져
   3) 끼칠 / 끼쳐   4) 생겼다 / 생긴

2. 1) 실망스러웠어요   2) 괴롭고
   3) 창의적인   4) 비현실적인

3. 1) 믿을 정도로   2) 먹기만 하면

4. 1) 진학할 거예요 → 진학했어요
   2) 되었어요 → 될 거예요

5. 1) 노래를 잘할 뿐만 아니라   2) 먹다(가) 보니까
   3) 외운 셈이네요

4. 기후와 문화

4-1. 날씨와 기후

어휘 p. 72

1. 2) 쌀쌀하더라고요   3) 날씨가 변덕스럽네요
   4) 일교차가 클   5) 비바람이 불어서
   6) 포근해요

2. 2) 폭설이 쏟아져서   3) 폭염이 계속되어서
   4) 폭우가 내려서   5) 폭풍우가 쳐서

문법과 표현 ❶ 동-는다더라고(요), 형-다더라고(요) 명이라더라고(요) p. 74

1. 2) 심하다더라고요   3) 한턱낸다더라고요
   4) 신청했다더라고요   5) 부산이라더라고요

2. 2) 1인 가구가 점점 증가해서 열 가구 중 세 가구는 1인 가구라더라고요
   3) 맵고 짜게 먹는 식습관은 위에 안 좋다더라고요
   4) 고등학생의 90%가 졸업 후 대학에 진학한다더라고요

문법과 표현 ❷ 동-는 바람에 p. 76

1. 2) 알람 시계가 고장 나는 바람에 늦잠을 자서 지각했어
   3) 갑자기 비가 많이 오는 바람에 피해를 입었대요
   4) 급하게 처리할 일이 생기는 바람에 약속에 늦었어요

2. 2) 깨지는 바람에   3) 코를 고는 바람에
   4) 늦게 끝나는 바람에   5) 추워지는 바람에

4-2. 기후와 문화의 특징

어휘 p. 78

1. 2) 강수량이 많다   3) 사계절이 뚜렷한
   4) 건조하기   5) 더위가 심하기

2. 2) 강수량이 적어서   3) 습도가 높아서
   4) 서늘하기   5) 건조해서

3. 2) 공통점이 있다   3) 차이가 있다
   4) 생소하고   5) 독특한

문법과 표현 ❸ 명을 비롯해(서), 명을 비롯한 p. 80

1. 2) 인삼을 비롯해서   3) 한국어를 비롯해서
   4) 발라드를 비롯해서   5) 성격을 비롯해서
   6) 남산을 비롯해서

2. 2) 부산에서 열리는 영화제에서는 한국의 봉준호 감독을 비롯해서 전 세계의 유명한 감독들이 새로운 작품을 소개할 예정이다
   3) 어린이들은 부모님을 비롯해서 주변 사람들의 영향을 받으면서 관계 맺는 방법을 연습한다고 한다
   4) 다른 나라를 여행하다 보면 음식 문화를 비롯해서 다양한 문화 차이를 발견할 수 있다

문법과 표현 ❹ 동-는 반면(에), 형-은 반면(에), 명인 반면(에) p. 82

1. 2) 디자인이 예쁜 반면에 불편하다
   3) 멋있는 반면에 사람이 많이 탈 수 없다
   4) 분위기가 좋은 반면에 음식값이 비싸다
   5) 쓰기는 잘하는 반면에 말하기는 못한다
   6) 고기는 잘 먹는 반면에 채소는 안 먹는다

모범 답안 189

2. 2) 사람이 적은 반면에 3) 매운 반면에
   4) 잘 추는 반면에 5) 경기를 하는 반면에

5. 여행의 즐거움

5-1. 아름다운 풍경

어휘 p. 86

1. 2) 해가 지는 3) 달이 떠요
   4) 햇빛이 비치는 5) 단풍잎이 떨어진

2. 2) 날려요 3) 반짝거려요
   4) 펼쳐진 5) 둘러싸여
   6) 가득해요

문법과 표현 ❶ 명이면 명 명이면 명 p. 88

1. 2) 운동이면 운동 공부면 공부
   3) 가격이면 가격 맛이면 맛
   4) 월급이면 월급 사람들이면 사람들
   5) 청소면 청소 빨래면 빨래

2. 2) 월급이면 월급 복지면 복지
   3) 분위기면 분위기 커피 맛이면 커피 맛
   4) 기능이면 기능 디자인이면 디자인

문법과 표현 ❷ 어찌나 동-는지, 어찌나 형-은지
어찌나 명인지 p. 90

1. 2) 옆집이 어찌나 시끄러운지 잠을 자기 어려울 정도예요
   3) 어찌나 인기가 많은지 모르는 사람이 없을 정도예요
   4) 그 영화가 어찌나 재미있는지 몇 번 더 보고 싶을 정도예요
   5) 배가 어찌나 아픈지 일어나지 못할 정도였어요

2. 2) 어찌나 커피를 좋아하는지
   3) 어찌나 열심히 공부하는지
   4) 어찌나 많이 먹었는지
   5) 어찌나 잘 만들었는지
   6) 어찌나 많이 들었는지

5-2. 여행의 기쁨

어휘 p. 92

1. 1)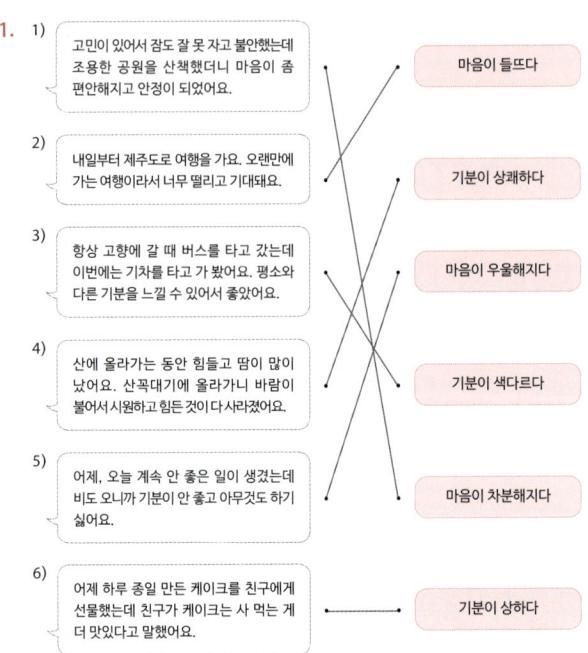

2. 2) 쓸데없이 3) 정신없이
   4) 말없이 5) 수없이
   6) 끝없이

문법과 표현 ❸ 동-는 듯하다, 형-은 듯하다, 명인 듯하다 p. 94

1. 2) 좋은 일이 있는 듯하다 / 기분이 좋은 듯하다
   3) 일이 많은 듯하다
   4) 감기에 걸린 듯하다
   5) 청소기를 돌리는 듯하다 / 청소를 하는 듯하다
   6) 채식주의자인 듯하다

2. 2) 시간을 보내는 듯했다
   3) 마음에 안 드는 듯했다
   4) 끝이 없는 듯했다

3. 2) 5시까지 있을 3) 같이 못 먹을
   4) 집에 가야 할

문법과 표현 ❹ 동 형-으며, 명이며 p. 96

1. 2) 일출과 일몰을 볼 수 있으며 체험할 것이 많은
   3) 창의적이며 적극적으로 일을 하는
   4) 눈이 건조하며 자주 충혈되는
   5) 나무마다 꽃이 활짝 피어 있으며 꽃잎이 바람에 날립니다

2. 2) 설명을 들으며 전시물을 구경하니
   3) 사진을 찍으며 시내를 구경했다
   4) 꽃을 구경하며 산책을 했다
   5) 기타를 치며 노래를 불러 줘서

6. 공연과 축제

6-1. 함께 즐기는 축제

어휘 p. 100

1. 2) 먹을거리　　　3) 볼거리
   4) 참가비를 내야

2. 1)

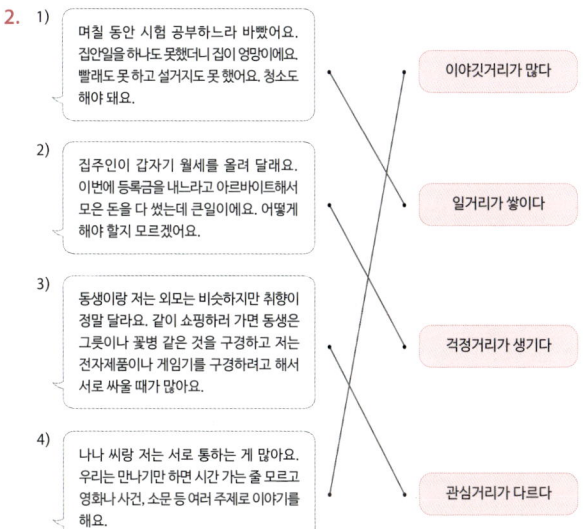

문법과 표현 ❶ 동형-던데(요), 명이던데(요) p. 102

1. 2) 학교 근처에 외국인들에게 인기가 많은 식당이 있던데 거기에 가 보는 게 어떨까요
   3) 주말에는 산에 사람들이 너무 많아서 복잡하던데 등산 일정을 바꾸는 게 어때요
   4) 수영을 해 보니까 효과가 좋던데 수영을 배워 봐

2. 2) 맛있던데　　　3) 인기가 많던데
   4) 잠을 잘 못 자던데　5) 안 나왔던데

3. 2) 이메일로 신청하면 된다던데
   3) 자기가 만든 빵도 가져올 수 있다던데
   4) 선착순 10명만 모집한다던데

문법과 표현 ❷ 동-는다고 보다, 형-다고 보다, 명이라고 보다 p. 104

1. 2) 그럴 수도 있다고 봐요
   3) 그렇게 하면 안 된다고 봐요
   4) 나쁜 영향을 준다고 봐요
   5) 밥을 잘 챙겨 먹는 게 낫다고 봐요
   6) 아니라고 봐요

2. 2) 직접 신어 보고 사야 된다고 봐요
   3) 기숙사가 더 낫다고 봐요
   4) 필요하다고 봐요
   5) 중요하다고 봐요
   6) 키우면 안 된다고 봐요

6-2. 감상과 평가

어휘 p. 106

1. 2) 수준이 높은　　　3) 연기가 형편없어서
   4) 감동적이에요　　　5) 내용이 뻔한

2. 1)

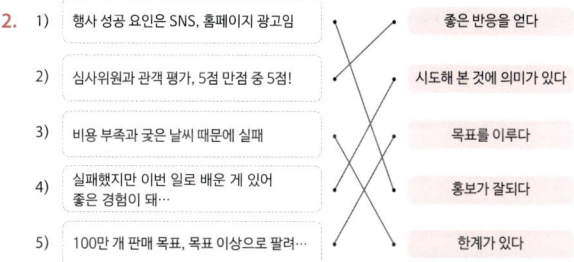

문법과 표현 ❸ 여간 동-는 것이 아니다, 여간 형-은 것이 아니다
여간 명인 것이 아니다, 여간 동형-지 않다 p. 108

1. 2) 여간 빠른 것이 아니다
   3) 여간 편한 것이 아니다
   4) 여간 위험한 것이 아니다

2. 2) 여간 막히는 것이 아니다
   3) 여간 많이 내리는 것이 아니다
   4) 여간 열심히 하는 것이 아니다

3. 2) 여간 수준이 높지 않다　3) 여간 감동적이지 않다
   4) 여간 많이 사용하지 않는다

문법과 표현 ❹ 명이야말로 p. 110

1. 2) 소설책이야말로　　　3) 탁구야말로
   4) 여름이야말로　　　5) 생일이야말로

2. 2) 장소야말로 3) 수박이야말로
   4) 약속을 지키는 것이야말로 5) 두부야말로

복습 2

듣기
p. 116
1. ② 2. ③ 3. ④ 4. ② 5. ③
6. ② 7. ① 8. ④ 9. ③ 10. ①

읽기
p. 118
1. ③ 2. ② 3. ④ 4. ② 5. ①
6. ① 7. ③ 8. ③ 9. ① 10. ④

쓰기
p. 122
1. 1) 심할 / 심해서 2) 변덕스러운 / 변덕스럽다
   3) 부족하지 / 부족한 4) 신선한 / 신선할

2. 1) 가득해서 2) 수없이
   3) 독특해서

3. 1) 하던데 / 한다던데
   2) 분위기면 분위기 가격이면 가격

4. 1) 상쾌하다 → 상쾌한 것이 아니다 / 상쾌하지 않다
   2) 지각할 것이다 → 지각했다

5. 1) 인도네시아를 비롯한 2) 불고기야말로
   3) 어찌나 슬픈지

7. 숫자로 보는 세상

7-1. 조사 결과

어휘
p. 128
1. 서울대학교에서 외국인 학생 100명을 대상으로 어떤 아르바이트를 하는지에 대해 조사했다. 편의점에서 아르바이트를 한다는 응답이 43%로 1위를 차지했다. 다음으로 식당 23%, 카페 17%, 언어 학원 15.4% 순으로 응답했다. 외국인 학생들은 직접 한국인을 만나는 아르바이트를 하는 것으로 나타났다.

2. 2) 2/3가 3) 이하는
   4) 절반은 5) 과반수가

문법과 표현 ❶ 몡에 따라(서), 동-느냐에 따라(서), 형-으냐에 따라(서), 몡이냐에 따라(서)
p. 130
1. 2) 기차 종류에 따라 3) 시간에 따라
   4) 기분에 따라 5) 학습 목적 / 진로에 따라
   6) 발음에 따라

2. 2) 얼마나 오래 여행하느냐에 따라(서)
   3) 어떤 재료로 만드느냐에 따라(서)
   4) 전철역에서 얼마나 가까우냐에 따라(서)
   5) 평소에 어떤 음식을 먹느냐에 따라(서)

문법과 표현 ❷ 몡에 의하면
p. 132
1. 2) 연구 결과에 의하면 웃는 얼굴이 그렇지 않은 얼굴보다 두 살이나 어려 보이는 효과가 있대요
   3) 정부 발표에 의하면 이번 추석에 고속 도로 통행료가 무료래요
   4) 신문 기사에 의하면 내년 집값이 올해보다 더 오를 거래요 / 오른 대요

2. 2) 신문 기사에 의하면 한국인 1인당 마늘 소비량이 7.72Kg이래요
   3) 직장인 사이트에 의하면 직장인 10명 중 9명은 축의금으로 6만 5천 원 정도를 낸대요
   4) 연구 결과에 의하면 수면 부족이 비만의 원인이래요
   5) 커피코리아에 의하면 피로 회복을 위해 커피를 마시는 사람이 70%래요

7-2. 통계와 그래프

어휘
p. 134
1. 2) 줄이기 3) 오를
   4) 인하하라는 / 내리라는 5) 감소해서 / 줄어들어서

2. 1) 교육부 자료에 의하면 2022년 한국에서 유학하고 있는 학생은 약 16만 7천 명인 것으로 나타났다. 중국 학생이 40.4%로 가장 많고 다음은 베트남 22.7%, 몽골 4.4%, 일본 3.4%의 순이었다. — 유학생의 비율

   2) 여행을 가기 위해 은행에 가서 환전을 했다. 어제는 1달러에 1,200원을 주고 돈을 바꿨는데 오늘은 1달러에 1,180원으로 20원이 내렸다. — 오늘의 환율

   3) 많은 사람들이 재미를 위해 또는 부자가 되기 위해 복권을 산다. 하지만 복권 1등에 당첨될 가능성은 사람이 번개에 맞을 가능성과 비슷하다고 한다. — 복권 당첨 확률

   4) 2020년 전공에 따른 취업률을 보면 의예과가 82.8%로 가장 높았고 공학과가 70.1%, 교육학과가 63.7%로 그 뒤를 이었다. — 전공별 취업률

   5) 경제가 어려워질수록 안정적인 직장이 인기를 끌고 있다. 그래서인지 올해 공무원 2,285명을 뽑는데 41,264명이 지원할 정도로 경쟁이 치열했다. — 공무원 경쟁률

문법과 표현 ❸ 명에 불과하다   p. 136

1. 2) 5명에 불과하다
   3) 만 원에 불과하다
   4) 0.1%에 불과하다
   5) 20%에 불과한 것이다
   6) 30분에 불과하다고

2. 2) 거짓말에 불과합니다
   3) 친구 사이에 불과합니다
   4) 상상에 불과합니다
   5) 기계에 불과합니다

문법과 표현 ❹ 명을 통해(서)   p. 138

1. 2) 통계 자료를 통해 다양한 사회 현상을 이해할 수 있기
   3) 한국 드라마를 통해 한국어에 관심을 갖게 되었습니다
   4) 시청자의 투표를 통해 우승자가 결정됩니다

2. 2) 아르바이트를 통해 다양한 사람들을 만나고 경험도 쌓을 수 있었다
   3) 그 대학교에서는 입학시험과 면접을 통해 신입생을 뽑는다고 한다
   4) 사람은 성공과 실패를 통해 많은 것을 배우게 된다
   5) 사회 문제에 대한 토론을 통해 사고력과 설득력을 기르게 되었다
   6) 한국어 수업을 통해 한국 문화와 한국 역사에 관심을 가지게 되었다

8. 대중문화

8-1. 스타와 대중문화

어휘   p. 142

1. 2) 심장이 터질 것 같았어
   3) 숨이 멎는 줄 알았어
   4) 꿈만 같습니다
   5) 실감이 나요
   6) 믿기지 않아

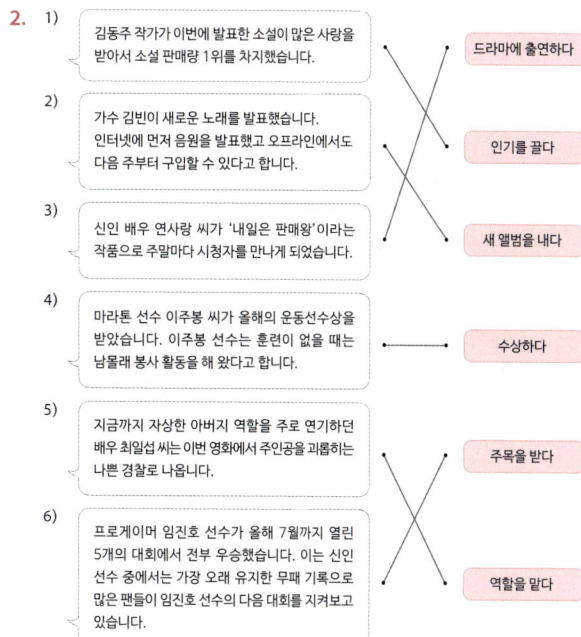

2. 1) 수상하다
   2) 새 앨범을 내다
   3) 드라마에 출연하다
   4) 역할을 맡다
   5) 주목을 받다
   6) 인기를 끌다

문법과 표현 ❶ 동형-을 리(가) 없다, 명일 리(가) 없다   p. 144

1. 2) 식욕이 있을 리가 없지   3) 연결이 될 리가 없어요
   4) 아이돌 가수일 리가 없어요   5) 거짓말일 리가 없어요
   6) 여유가 생길 리가 없어

2. 2) 안 샀을 리가 있겠어
   3) 운전했을 리가 있겠어
   4) 벌써 대학을 졸업했을 리가 있겠어
   5) 6급에 합격했을 리가 있겠어요
   6) 문을 열었을 리가 있겠어요

문법과 표현 ❷ 명만 못하다   p. 146

1. 2) 기록만 못해요   3) 작년만 못해요
   4) 지하철만 못해요   5) '하얀 꽃'만 못하니까

2. 2) 기대만 못했어요   3) 소문만 못했어요
   4) 남는 것만 못해   5) 보는 것만 못한 것 같아요

8-2. 대중문화의 영향

어휘 p. 148

1. 1) 좋아하는 가수가 팬들을 위해 귀여운 표정을 짓는 영상을 올렸다. 영상을 볼 때마다 기분이 좋아져서 계속 보게 된다. — 즐거움을 얻다
   2) 유명한 창작자들이 광고하는 상품이 사람들에게 인기를 끌고 이들의 옷차림을 따라 하는 사람도 늘고 있다. — 유행을 이끌다
   3) 최근의 팬클럽은 앨범을 사고 콘서트에 가는 것뿐만 아니라 가수의 이름을 알리고 이미지를 개선하는 등의 활동을 해 가수에게 미치는 영향이 크다. — 영향력이 커지다
   4) 운전면허 시험에서 세 번이나 떨어졌다. 포기할까 했는데 친구가 할 수 있다고 응원해 줘서 힘내서 다시 한번 도전해 보기로 했다. — 용기를 얻다
   5) 수업 중 동영상을 보여 주거나 게임을 하면 학생들이 수업에 집중하게 만들 수 있다. — 학생들의 관심을 끌다
   6) 남자 친구와 헤어지고 나서 힘이 들었다. 게시판에 내 사연을 올렸는데 사람들이 힘내라고 댓글을 달아 줘서 슬픈 마음이 조금 사라졌다. — 위로를 받다

2. 2) 무관심한 3) 무소식이
   4) 무조건 5) 무의미합니다

문법과 표현 ❸ 동-은 채(로) p. 150

1. 2) 신은 채로
   3) 한 채로 / 지우지 않은 채로
   4) 눈도 못 뜬 채로 / 눈을 감은 채로
   5) 선 채로

2. 2) 켜 놓은 채로
   3) 틀어 놓은 채로
   4) 닫아 놓은 채로
   5) 열어 놓은 채로

문법과 표현 ❹ 동-는다 싶다, 형-다 싶다, 명이다 싶다 p. 152

1. 2) 길이 막힌다 싶어서
   3) 케이크를 잘 만든다 싶어서
   4) 저 가방이 예쁘다 싶었는데
   5) 진정한 친구다 싶어

2. 2) 내일 사람들이 많이 오겠다 싶어서
   3) 콘서트가 재미있겠다 싶어서
   4) 배우기 쉽겠다 싶었거든요
   5) 영화를 못 보겠다 싶어

9. 스포츠의 세계

9-1. 흥미진진한 경기

어휘 p. 156

1. 2) 역전할 3) 승부가 나지
   4) 비겼으니까 5) 연장전을 해요
   6) 결승전에 진출할 7) 탈락했다고요

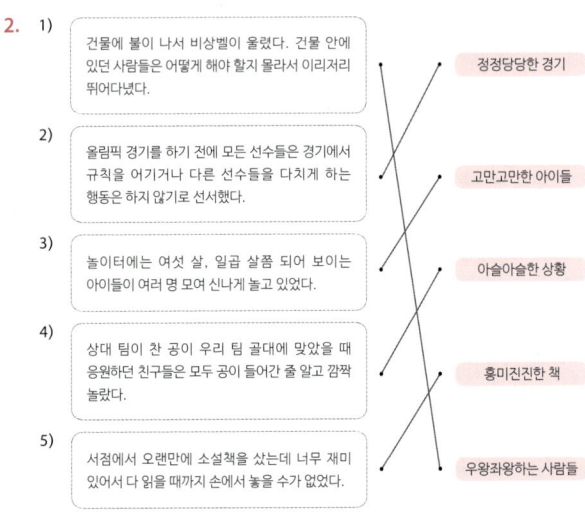

2. 1) 건물에 불이 나서 비상벨이 울렸다. 건물 안에 있던 사람들은 어떻게 해야 할지 몰라서 이리저리 뛰어다녔다. — 우왕좌왕하는 사람들
   2) 올림픽 경기를 하기 전에 모든 선수들은 경기에서 규칙을 어기거나 다른 선수들을 다치게 하는 행동은 하지 않기로 선서했다. — 정정당당한 경기
   3) 놀이터에는 여섯 살, 일곱 살쯤 되어 보이는 아이들이 여러 명 모여 신나게 놀고 있었다. — 고만고만한 아이들
   4) 상대 팀이 찬 공이 우리 팀 골대에 맞았을 때 응원하던 친구들은 모두 공이 들어간 줄 알고 깜짝 놀랐다. — 아슬아슬한 상황
   5) 서점에서 오랜만에 소설책을 샀는데 너무 재미있어서 다 읽을 때까지 손에서 놓을 수가 없었다. — 흥미진진한 책

문법과 표현 ❶ 동-으나 마나 p. 158

1. 2) 갈아입으나 마나예요 3) 마시나 마나야
   4) 청소하나 마나예요 5) 초대하나 마나예요
   6) 써 놓으나 마나예요

2. 2) 보나 마나 불합격할 거야
   3) 물어보나 마나 안 된다고 할 거야
   4) 이야기를 해 보나 마나 듣지 않을 거예요
   5) 해 보나 마나 안 될 거야

문법과 표현 ❷ 동-기는 틀렸다 p. 160

1. 2) 먹기는 틀렸어
   3) 받기는 틀린 것 같아요
   4) 끝내기는 틀렸어요
   5) 컴퓨터를 사기는 틀린 것 같아요
   6) 키우기는 틀렸네

2. 2) 공부하기는 틀린 것 같아요
   3) 따기는 틀린 것 같아요
   4) 다이어트를 시작하기는 틀린 것 같네요
   5) 책을 다 읽기는 틀렸어요
   6) 경기를 이기기는 / 결승전에 진출하기는 틀렸어요

9-2. 경기와 규칙

어휘 p. 162

1. 1) ~ 5)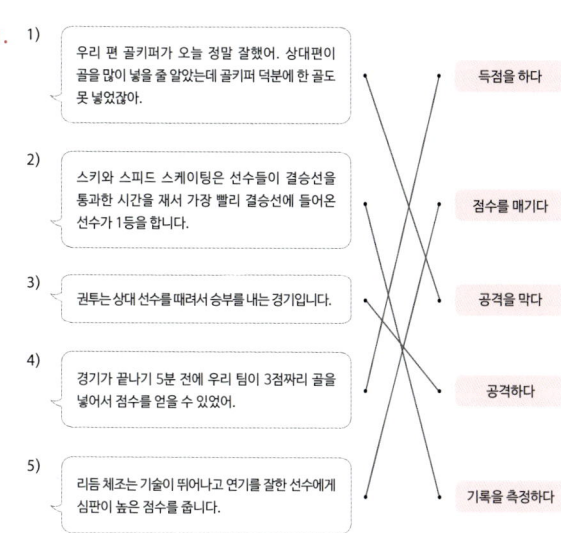

2. 2) 퇴장을 당하는
   3) 선을 밟으면 / 선을 밟은 (반칙을 한)
   4) 경고를 받아서
   5) 규칙을 지켜야

문법과 표현 ❸ 명 으로(서) p. 164

1. 2) 기자로서
   3) 가족으로서
   4) 한국에 거주하는 가나 사람으로서
   5) 가수 김빈의 팬클럽 회원으로서 / 팬으로서
   6) 우리 축구팀의 주장으로서

2. 2) 한국의 전통 스포츠로서 상대방의 공격에 손과 발을 사용해 자신을 보호하는 무술입니다
   3) 전라북도에 있는 도시로서 한옥마을과 비빔밥으로 유명합니다
   4) 떡의 한 종류로서 쌀가루로 만든 반죽 안에 밤, 콩 등의 재료를 넣어 만든 음식인데요
   5) 한국의 전통 민요로서 지역마다 멜로디에 조금씩 차이가 있지만 가사에 아리랑이 들어간다는 공통점이 있습니다

문법과 표현 ❹ 동 형 -으나, 명 이나 p. 166

1. 2) 재택근무를 하는 사람이 증가하면서 출근 스트레스가 줄었다고 하나 온라인 근무 환경 때문에 그동안 보이지 않던 다양한 형태의 직장 내 문제가 드러나고 있다
   3) 환경 보호와 관련된 새로운 정책들이 어떤 결과를 가져올지 알 수 없으나 시민들의 적극적인 협조가 좋은 결과를 가지고 올 것이라는 것은 확실하다
   4) 옛날에는 결혼은 당연히 해야 하는 것이라고 생각하는 사람들이 많았으나 지금은 결혼은 개인이 선택할 수 있는 문제라고 생각하는 사람들이 많아졌다
   5) 경제가 나빠지면 립스틱, 넥타이처럼 가격이 저렴하면서 기분 전환에 도움이 되는 물건들이 많이 팔리나 경제가 좋아지면 자동차처럼 가격이 비싼 물건들이 상대적으로 잘 팔린다

2. 2) 가솔린 차의 판매량은 감소하고 있으나 전기 차의 판매량은 증가하고 있다
   3) 1인당 쌀 소비량은 줄어들고 있으나 가공밥 판매량은 늘어나고 있다
   4) 과거에는 텔레비전을 통해 대중문화를 즐겼으나 현재는 태블릿과 같은 휴대 기기로 대중문화를 즐기게 되었다
   5) 2017년에는 65세 이상 인구가 13.8%였으나 2050년에는 39.8%로 증가할 것이다

복습 3

듣기 p. 172

1. ② 2. ③ 3. ② 4. ② 5. ③
6. ② 7. ③ 8. ③ 9. ③ 10. ①

읽기 p. 174

1. ④ 2. ② 3. ① 4. ④ 5. ③
6. ② 7. ④ 8. ③ 9. ② 10. ③

쓰기 p. 178

1. 1) 지키면 / 지키지   2) 맡았다 / 맡은
   3) 높다고 한다 / 높을 4) 끌었다 / 끌고 있다

2. 1) 올랐어   2) 역전했어
   3) 무책임하게   4) 줄이고

3. 1) 열어 놓은 채로 2) 친하냐에 따라

4. 1) 했다 → 한다   2) 틀릴 것이다 → 틀렸다

5. 1) 기대만 못했어요 2) 분다 싶어서
   3) 줄 리가 없어요

집필진 Authors

장소원 Chang Sowon	서울대학교 국어국문학과 교수 Seoul National University Professor at the Department of Korean Language & Literature
	파리 5대학교 언어학 박사 Ph.D. in Linguistics, University of Paris 5
이정덕 Lee Jeongdeok	서울대학교 언어교육원 대우전임강사 Seoul National University LEI Full-time Instructor
	이화여자대학교 한국학(한국어교육 전공) 박사 Ph.D. in Korean Studies(Teaching Korean as a Foreign Language), Ewha Womans University
연준흠 Yeon Joonheum	서울대학교 언어교육원 대우전임강사 Seoul National University LEI Full-time Instructor
	연세대학교 한국어교육정보학 박사 Ph.D. in Korean Language Education and Informatics, Yonsei University
장은정 Chang Eunjung	서울대학교 언어교육원 대우전임강사 Seoul National University LEI Full-time Instructor
	이화여자대학교 외국어교육특수대학원 한국어교육학 석사 M. A. in TKSOL(Teaching Korean to Speakers of Other Languages), Ewha Womans University

번역 Translator

이수잔소명 Lee Susan Somyung	통번역가 Translator & Interpreter
	서울대학교 한국어교육학 석사 M.A. in Korean Language Education as a Foreign Language, Seoul National University

감수 Supervisor

안경화 Ahn Kyunghwa	전 서울대학교 언어교육원 대우교수 Former Seoul National University LEI Professor

도와주신 분들 Contributing Staff

디자인 Design	(주)이츠북스 ITSBOOKS
삽화 Illustration	(주)예성크리에이티브 YESUNG Creative
녹음 Recording	미디어리더 Media Leader

서울대 한국어+
Workbook 4A

초판 1쇄 발행 2023년 6월 30일
초판 3쇄 발행 2024년 12월 20일

지은이	서울대학교 언어교육원
펴낸곳	서울대학교출판문화원
주소	08826 서울 관악구 관악로 1
도서주문	02-889-4424, 02-880-7995
홈페이지	www.snupress.com
페이스북	@snupress1947
인스타그램	@snupress
이메일	snubook@snu.ac.kr
출판등록	제15-3호

ISBN 978-89-521-3182-9 04710
      978-89-521-3116-4 (세트)

ⓒ 서울대학교 언어교육원 · 2023

이 책과 음원은 저작권법에 의해서 보호를 받는 저작물이므로
무단 전재와 복제를 금합니다.

Written by Language Education Institute, Seoul National University
Published by Seoul National University Press

Copyright ⓒ 2023 by Language Education Institute, Seoul National University

All rights reserved. No part of this publication may be reproduced in any form without the written permission from publisher.